原価計算

志村　正 [著]

創成社

はしがき

　著者が原価計算・管理会計を専門とするようになったきっかけは，大学時代にまで遡る。大学で初めて簿記に接した。その当時は，基礎からコツコツ教えてくれる今流の講義スタイルではなく，先生が自分の好きな分野をいきなり教授するスタイルであった。著者が受講したクラスは工業簿記を扱っていた。簿記のイロハも知らない著者にとってはとても難解なものだった。とうてい講義について行けそうもなかった。「簿記は難しい」という印象が強かった。その著者がこの分野を専門とするようになったことは今にして思えば奇遇であった。大学3年の時にゼミで指導していただいた先生の影響が大きかった。

　原価計算は一般に製造業（メーカー）に適用されると言われる。しかし，製造業だけではなく商企業，サービス業でも適用できる。原価計算はひと言で言えば，製品のコスト（原価）を計算することである。自社のコストに関する知識とその理解は企業経営において業績を伸ばす上では不可欠な情報である。どの製品がもうかっているのか，製品の販売価格は妥当か，コストを削減するにはどのコストに注目すれば良いのか，等々の情報を経営者に提供してくれる。

　「80対20の法則」という，よく知られたパレートの法則がある。これは取扱製品（または商品）の20％で売上総額の80％を占めるという経験則を言い表したものである。しかし利益の世界ではこの法則は成り立たない。つまり，取扱製品（または商品）の20％で利益総額の80％を上げてはいない。なぜなら，取扱製品の全品目で利益を上げているとは限らないからである。ある製品は損失を計上しているかもしれないのである。原価計算はどの製品が利益を上げており，どの製品が損失を出しているのかを明らかにしてくれる。利益を上げている製品の販売を増やし，損失を出している製品を改善するか販売を止めれば，企業の業績は向上する。

原価計算は「不況の子」と言われることがある。景気が悪いときには，コストに注目しなさいという教訓なのかもしれない。不況の時には売上の増加は期待できない，むしろ減少する。そのような場合には，コストの削減に注力することが経営の基本であろう。コスト削減というと，一般に考えられるのは人員削減などのリストラである。しかし，リストラは人員削減だけではない。むしろその前に行うべきコスト削減の方策のヒントを原価計算は提供してくれる。

　中小の製造会社などで，時に「管理会計を我が社も導入したい」という声を聞く。そのような場合には，まず原価計算をきちんと導入することをお勧めしたい。そうすれば，上記のような情報を入手することができるからである。正確なコスト・データが整理されていないところには管理会計は存在しない。原価計算が管理会計の基礎と言われるゆえんである。

　本書は上記のコスト情報を入手するための，原価計算に関する基礎的な知識と技法を解説したものである。業種によって生産プロセスも原価の内容も種々様々だろう。しかし，すべての業種に共通する部分が本書で取り上げられている。それぞれの実態に合わせて応用していけるはずである。

　また，本書は大学の講義のテキストとしても，また簿記検定を目指す者にとっても最適と考える。豊富な図解を使用し，例題によって理解を高める工夫をしている。筆者の長年の経験から，原価計算はイメージで覚えると理解が深まると確信している。また，各章末には【演習問題】を掲載している。本書末の解答によって理解度をチェックすることができるので，自己学習にも最適と考える。本書が原価計算に興味を持つきっかけとなれば，幸いに思う。最後に，本書の出版にあたり原稿を丹念にチェックしてくださった創成社出版部の西田徹氏に衷心よりお礼申し上げたい。

2015年3月23日

著　者

目　次

はしがき

第1章　原価計算とは ─── 1
1．原価計算とは …………………………………………… 1
2．原価計算の特徴 ………………………………………… 3
3．原価計算の目的 ………………………………………… 4
4．原価計算期間 …………………………………………… 4
5．原価の分類 ……………………………………………… 5
6．原価計算の構造 ………………………………………… 7

第2章　原価計算と財務諸表 ─── 11
1．原価計算と財務諸表 …………………………………… 11
2．製造原価報告書 ………………………………………… 12
3．工業簿記 ………………………………………………… 14

第3章　原価と原価計算 ─── 21
1．原価とは ………………………………………………… 22
2．製品原価と期間原価 …………………………………… 24
3．原価の構成 ……………………………………………… 25
4．個別原価計算と総合原価計算 ………………………… 27
5．原価計算の手順 ………………………………………… 31

第4章　材料費の計算 ─── 34
1．材料費の分類 …………………………………………… 34
2．材料の購入原価の決定 ………………………………… 35
3．材料費の計算 …………………………………………… 37

4．間接材料費の計算 ………………………………………………44

第5章　労務費の計算 ──────────────── 46
　　　1．労務費の分類 ……………………………………………………47
　　　2．支払賃金の計算 …………………………………………………48
　　　3．消費賃金の計算 …………………………………………………50
　　　4．間接労務費の計算 ………………………………………………52
　　　5．予定賃率による計算 ……………………………………………53

第6章　経費の計算 ──────────────── 57
　　　1．経費の分類 ………………………………………………………57
　　　2．経費の計算 ………………………………………………………58

第7章　製造間接費の配賦計算 ────────── 64
　　　1．製造間接費の配賦 ………………………………………………65
　　　2．配賦基準 …………………………………………………………66
　　　3．生産中心点別機械時間法 ………………………………………68
　　　4．製造間接費の予定配賦計算 ……………………………………71
　　　5．差異の分析 ………………………………………………………73
　　　6．活動基準原価計算 ………………………………………………75

第8章　個別原価計算 ─────────────── 82
　　　1．個別原価計算の特徴 ……………………………………………82
　　　2．特定製造指図書 …………………………………………………83
　　　3．原価元帳 …………………………………………………………84
　　　4．仕損の処理 ………………………………………………………86
　　　5．作業屑の処理 ……………………………………………………88

第9章　部門別個別原価計算 ───────────── 91
　　　1．部門別計算の目的 ………………………………………………92
　　　2．原価部門の設定 …………………………………………………92
　　　3．部門別個別原価計算の概要 ……………………………………93

4．製造間接費の原価部門への配分 …………………………94
　　　5．補助部門費の製造部門への配分 …………………………97
　　　6．複数基準配賦法 ……………………………………… 102
　　　7．製造部門費の製品への配賦 …………………………… 102

第10章　総合原価計算（1） ———————————— 108
　　　1．総合原価計算とは ……………………………………… 108
　　　2．仕掛品の評価 …………………………………………… 109

第11章　総合原価計算（2） ———————————— 118
　　　1．組別総合原価計算 ……………………………………… 119
　　　2．等級別総合原価計算 …………………………………… 122
　　　3．連産品の原価計算 ……………………………………… 125
　　　4．工程別総合原価計算 …………………………………… 128
　　　5．加工費工程別総合原価計算 …………………………… 134
　　　6．仕損・減損・作業屑の処理 …………………………… 136
　　　7．副産物の評価と処理 …………………………………… 139

第12章　標準原価計算 ———————————————— 144
　　　1．標準原価計算とは ……………………………………… 144
　　　2．原価差異の処理 ………………………………………… 148
　　　3．標準原価差異の分析 …………………………………… 151
　　　4．標準原価計算の記帳 …………………………………… 156

第13章　直接原価計算 ———————————————— 164
　　　1．直接原価計算とは ……………………………………… 164
　　　2．全部原価計算との比較 ………………………………… 169
　　　3．固定費の調整 …………………………………………… 172
　　　4．損益分岐点分析 ………………………………………… 174

解答編　181
索　引　197

第1章 原価計算とは

> **ポイント**
>
> 1. 原価計算とは
>
>   原価計算とは材料が生産に投入されてから完成するまでの，モノやサービスの流れを貨幣価値的に追跡し，製品等の原価を明らかにすることである。
>
> 2. 原価計算の特徴
>
>   原価計算は生産に投入した資源（材料，労働力，用役）を製品等に関連づけることによって行われる。つまり，インプットとアウトプットとの因果関連を把握する。
>
> 3. 原価計算の目的
>
>   原価計算自体が目的ではなく手段である。目的は財務諸表の作成と経営管理への役立ちにある。経営管理目的としては原価管理，利益管理，意思決定に有用な情報を提供する。
>
> 4. 原価計算期間
>
>   原価計算期間は通常1か月である。経営管理目的のためには迅速な情報提供が求められるので，会計期間よりも短い期間で計算する必要があるからである。
>
> 5. 原価の分類
>
>   原価は形態別分類を基本にこれを原価計算のために製品関連分類（直接費・間接費），場所関連分類（個別費・共通費）などに分類される。
>
> 6. 原価計算の構造
>
>   製造原価を材料費，労務費，経費の費目別に製品等に関連づける。直接費は製品等に賦課し，間接費は製品等に配賦される。

1. 原価計算とは

　原価計算（cost accounting, costing）は，種々の目的に役立つ原価情報を提供することを役割とする。つまり，原価計算はある特定の目的に資する手段なのである。

　製造業（メーカー）では，外部から原材料を購入し，これに加工を施して新しい生産物（製品）を作っている。経営者はこの生産物を作るのにどれほどのコスト（原価）がかかったのかを製品別に知りたいはずである。そのための手法が原価計算である。この一連の生産プロセスでは財やサービスの流れが伴う。原価計算はこれを貨幣価値的に追跡する。ここにサービス（用役，役務）とは無形の価値ある機能を指している。電力料は電力というサービスを受けたことに対して支払われた代金である。

　利用目的に応じて，発生する原価を各対象（原価計算対象）に集計する手続と概念が原価計算であるともいえる。原価計算対象（コスト・オブジェクト）には製品のほかに，（商品としての）サービス，部門などの場所，顧客，プロジェクト，ジョブなどがある。図表1－1は原価計算対象を製品として示したものである。

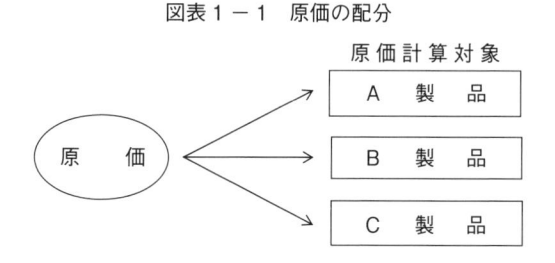

図表1－1　原価の配分

原価 → 原価計算対象
　　　　A 製品
　　　　B 製品
　　　　C 製品

　図表1－1から分かるように，原価計算は原価を製品別にどのように配分したらよいかを問題とする。原価計算はもちろんサービス業でも適用できる。

2. 原価計算の特徴

　製造業では，材料，労働力，その他のサービス（電力，運搬，固定設備など）を購入し，それらを組み合わせて加工して製品をつくり，販売する一連の活動を行っている。これを財（またはサービス；以下同じ）の流れに焦点を当てて図示すると図表1－2のようになる。原価計算は，この財の流れを貨幣価値的に追跡する。そして，投入要素（インプット）の購入額を基礎として産出要素（アウトプット）の生産物にこれを割り当てていく作業を行うことによって，製品の原価を計算する（ここでは原価計算対象として製品を想定している）。原価計算は実はインプットとアウトプットとの関連づけ，因果関係を問題にする。

　各投入要素が生産に投入される時に消費したといい，原価として把握される。原材料の消費は材料費，労働力の消費は労務費，その他のサービスの消費が経費と呼ばれる。つまり，投入要素は消費した時に原価要素となる。この3つの原価要素を**原価の3要素**という。

　　材料費………物品の消費高。素材費や部品費などがある。
　　労務費………労働の対価。賃金や給料などがある。
　　経　費………その他のサービスの消費高。

図表1－2　投入要素と産出要素

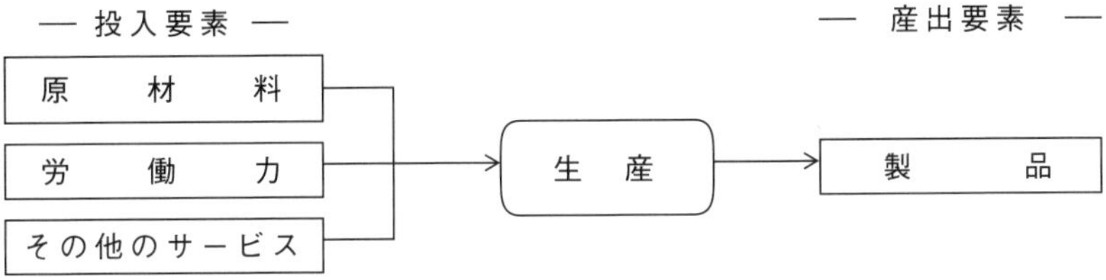

― 投入要素 ―　　　　　　　　　　　　　　　― 産出要素 ―

| 原　材　料 |
| 労　働　力 | → | 生　産 | → | 製　品 |
| その他のサービス |

　原価計算は，このように，財，サービス（経済資源）の投入（消費）から生産物の産出に至るまでのモノの流れを，価値の流れ（原価の流れ：コスト・フロー）

として捉えるのである。原価計算は配分計算によって特徴づけられる。

3. 原価計算の目的

原価計算は常にある特定の目的を念頭に置きながら行われることに注意しなければならない。例えば，財務諸表を作成するために行われる原価計算と原価管理（原価削減目標を達成する活動）を目的として行われる原価計算とでは，用いられる原価概念や原価計算対象などが異なってくる（図表1－3）。

図表1－3　原価計算システム

原価計算システム

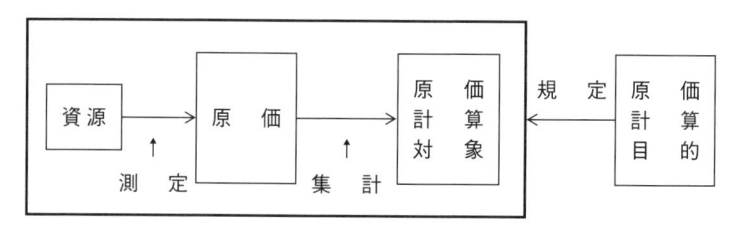

```
┌─────────────────────────────────────┐
│  ┌────┐    ┌────┐    ┌────┐   規 定   ┌────┐
│  │資源│ →  │原価│ →  │原価│  ←────  │原価│
│  │    │    │    │    │計算│          │計算│
│  │    │    │    │    │対象│          │目的│
│  └────┘    └────┘    └────┘          └────┘
│     ↑         ↑                              
│    測 定     集 計                            
└─────────────────────────────────────┘
```

商品売買業では商品ごとの仕入原価が分かっているから，商品ごとにどれだけ儲かっているかを計算することは比較的容易である。しかし，製造業では生産される製品ごとのコストは原価計算をしなければ分からない。ここに，原価計算の必要性がある。そうすれば，製品別収益性または採算性計算という目的に利用することができる。原価計算の目的には，大きく分けて財務諸表の作成目的と経営管理目的（原価管理や意思決定など）がある。

4. 原価計算期間

通常，会計期間は1年あるいは半年であるが，原価情報の管理的利用には迅速性と適時性が求められるため，さらに短い期間を原価計算期間としている。

管理の観点からは期間は短いほどよいが，それだけ事務手数やコストもかかる。そこで，原価計算期間は，通常は1ヶ月（暦月）が用いられている。

原価計算では月次決算を行うために，月末時点で未完成品が確認される。この未完成品を**仕掛品**（しかかりひん）と呼んでいる。製品は最終生産物であり，仕掛品は中間生産物である。図表1－4は，こうした財貨（棚卸資産）の変化を表している。

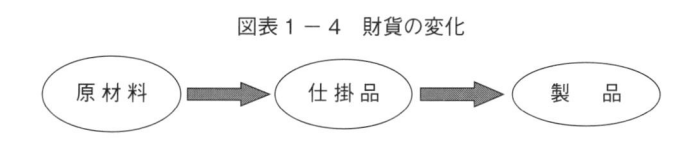

図表1－4　財貨の変化

原材料　➡　仕掛品　➡　製品

5．原価の分類

製品別の原価を計算するときにどのような原価を集計するのか，どのような過程を経て行うのかは，原価計算における基本である。そのためにはどのような原価があるのかを知る必要がある。原価は種々の観点から分類されるが，それぞれの分類は原価計算上，意味がある。次にそのいくつかをあげてみる。

[1] 形態別分類

財務会計的分類であり，帳簿に記録するときに用いる勘定科目として用いられる。原価計算における第一次データとなり，この分類からのデータを受け取って原価計算に用いる。消費額の計算を統一的に説明するときにも用いられる。前述した原価の3要素の材料費，労務費，経費はこの分類の代表である。

[2] 製品関連分類

ある原価が特定の製品のために消費されたかどうかによって直接費と間接費に分類される。原価計算に特徴的な原価で原価を製品別に集計するときに用いる。ただ現実問題として，直接費であっても測定コストを考えて間接費として処理される場合もある。例えば，ボルトやナットのコストは製品別に測定できるが，少額の場合には通常は間接費とされる。

直接費………特定の製品のために消費したことが明らかな原価で，特定の製
　　　　　　　品の原価として割り当てられる（これを**賦課**という）。
　　間接費………いくつかの製品の製造のために消費され，特定できない原価
　　　　　　　で，何らかの適当な基準で配分される（これを**配賦**という）。
③ 場所（部門）関連分類
　ある特定の部門で発生したことが明確であるかどうかによる分類で，基本的には製品関連分類と同じである。部門別の原価計算において必要である。
　　個別費………特定の部門が発生させた原価であり，発生させた特定の部門に
　　　　　　　集計される（直課という）。
　　共通費………いくつかの部門に関係する原価であるために，部門別には計算
　　　　　　　できないが，何らかの適当な基準で配分する。
④ 操業度関連分類
　操業度（生産量や販売量などによって表される）の増減によって原価が変動するか否かによる分類で，直接原価計算や損益分岐点分析において利用される。
　　変動費………操業度の増減に応じて変化する原価を指す。直接材料費，出来
　　　　　　　高払給料などがある。
　　固定費………操業度の増減に応じて変化しない原価を指す。月給制給料，減
　　　　　　　価償却費などがある。
　以上の原価分類は，パイの分け方の違いであり，その合計は等しくなる。図表1－5のように，形態別分類と製品関連分類とを併合したものがよく用いられる。

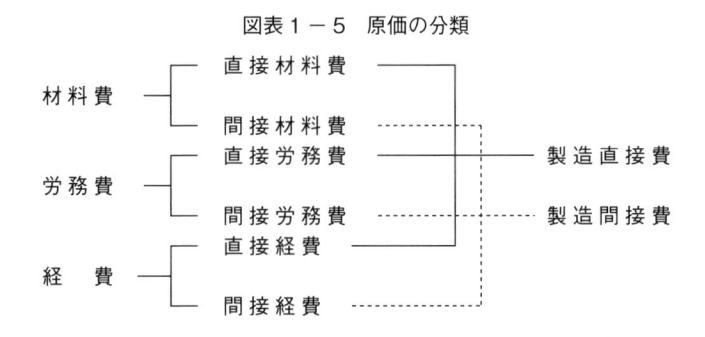

図表1－5　原価の分類

```
            ┌─ 直接材料費 ──────────┐
   材料費 ──┤                                │
            └─ 間接材料費 ┄┄┄┄┄┄┐      │
            ┌─ 直接労務費 ──────┼──── 製造直接費
   労務費 ──┤                      │
            └─ 間接労務費 ┄┄┄┄┄┤   ┄┄ 製造間接費
            ┌─ 直接経費   ──────┘      │
   経　費 ──┤                                │
            └─ 間接経費   ┄┄┄┄┄┄┄┄┘
```

【例題1】
　あるコーヒーショップでは，提供メニュー（商品）別に原価計算して，採算性を分析しようとしている。メニューはコーヒーと紅茶の二種類である。次の当月の原価項目はどのメニューと関連しているか。コーヒーであればA，紅茶であればB，間接費となるものはCを（　）に記入しなさい。
　①店員の給料　　　（　）　②紅茶の葉の代金　（　）
　③サイフォンの代金（　）　④水道光熱費　　　（　）
　⑤店舗の賃借料　　（　）　⑥コーヒー豆の代金（　）

【解説と解答】
　①（C）　②（B）　③（A）　④（C）　⑤（C）　⑥（A）
　①店員の給料はメニュー別には把握できないから間接費（間接労務費）である。②紅茶の代金は紅茶に賦課される直接材料費である。③サイフォンの代金はコーヒーをつくるときにしか使用しないから，コーヒーに賦課される直接経費になる。④水道光熱費と⑤店舗の賃借料は特定のメニューのためにではなく，両方のメニューに関連するから間接費（間接経費）である。⑥コーヒー豆の代金はコーヒーのメニューの直接材料費である。

6. 原価計算の構造

　原価計算対象を製品とした場合の簡単な原価の集計方法を図示すると図表1－6のようになる。製造直接費は各製品に直接賦課し（実線），製造間接費は

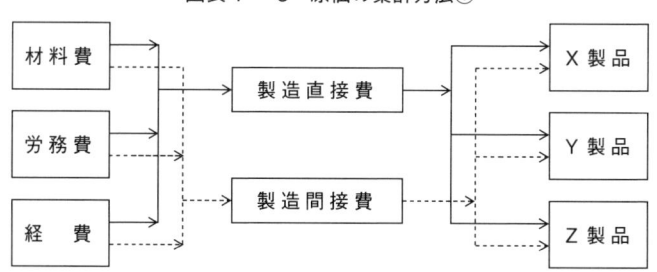

図表1－6　原価の集計方法①

配賦する（点線）。この場合，製造間接費には間接材料費，間接労務費，および間接経費が集計され，ある基準を用いて配賦される。

　もう少し詳細に説明しよう。ある会社がXとY製品を製造し，当月に材料費，労務費，経費が図表1－7に示すようにかかったとする。例えば，材料費は製品X，製品Yへの消費（つまり直接費）と間接費（製品ごとには識別できないコスト）に把握されている。製品Xの材料費はアウトプットの製品Xに配分される（①の矢印）。製品Yの材料費はアウトプットの製品Yに配分される（②の矢印）。製品別に識別できない材料費は間接費に集められる（③の矢印）。（矢印に番号を付けて示したのは図が複雑になるからである。間接費の配賦を除く）。労務費と経費の説明も同様である。

　つまり，各製品の製造原価＝製品別の材料費（直接材料費）＋製品別の労務費（直接労務費）＋製品別の経費（直接経費）＋（製造）間接費の配賦額となる。

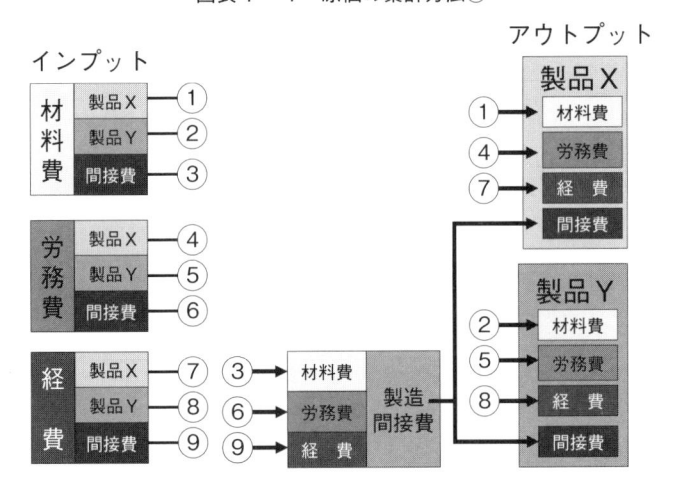

図表1－7　原価の集計方法②

【例題２】

当社はＡ製品とＢ製品を大量に生産している。次の当月のデータに基づいて，各製品の製造原価を求めなさい。

データ：
①材料費　Ａ製品　182,000円，Ｂ製品　123,500円，間接費　56,200円
②労務費　Ａ製品　144,000円，Ｂ製品　96,000円，間接費　44,600円
③経　費　Ａ製品　28,500円，Ｂ製品　22,400円，間接費　158,200円
④間接費は，Ａ製品に60％，Ｂ製品に40％を配賦する。

【解説と解答】

　直接費は，各製品別に把握できる原価であるから，その金額を各製品に直接割り当てる（賦課する）。間接費は製品別には把握できないから，適当な基準を用いて配分（配賦）する。各製品の原価は，（直接費＋間接費配賦額）によって求められる。

　間接費は間接材料費と間接労務費と間接経費の合計額であるから，56,200円＋44,600円＋158,200円＝259,000円となる。したがって，製品別の配賦額は次のように計算される。

　　　Ａ製品　　259,000円×60％＝155,400円
　　　Ｂ製品　　259,000円×40％＝103,600円

	Ａ製品	Ｂ製品	合　計
直接材料費	182,000円	123,500円	305,500円
直接労務費	144,000	96,000	240,000
直接経費	28,500	22,400	50,900
製造間接費	155,400	103,600	259,000
計：製造原価	509,900円	345,500円	855,400円

演習問題

（1）次の文中の空欄に入る最も適当な語句を下の語群から選びなさい。

①原価計算は，とくに　ア　業で行われる。

②原価の3要素とは，材料費，　イ　，経費である。

③原価計算の主要な対象は　ウ　である。

④特定の製品に集計される原価は　エ　とよばれ，集計する手続きを　オ　という。

⑤製品の未完成品は　カ　といわれる。

［語群］
a．仕掛品　　b．配賦　　c．直接費　　d．製造　　e．賦課
f．労務費　　g．製品　　h．間接費　　i．製造原価

（2）次のデータによってX製品とY製品の製造原価を計算しなさい。

データ：①直接材料費……X製品　185,200円　　Y製品　285,600円

　　　　②直接労務費……X製品　113,750円　　Y製品　211,250円

　　　　③直 接 経 費……X製品　 35,405円

　　　　④製造間接費……材料費　66,800円　　労務費　82,700円

　　　　　　　　　　　　経　費　225,800円

　　　　⑤製造間接費は，X製品に35%，Y製品に65%を配賦する。

第2章 原価計算と財務諸表

> **ポイント**
>
> 1. 原価計算と財務諸表
>   商品売買業と比較して製造業における財務諸表の特徴は次の点である。
>   ①損益計算書の売上原価の内訳項目が異なる。
>   ②貸借対照表の棚卸資産項目が異なる。
> 2. 製造原価報告書
>   原材料の投入から製品の完成までの製造原価の明細を示す。最終的には「当期製品製造原価」が算定される。
> 3. 工業簿記
>   原価計算の結果は仕訳され勘定に転記される。製造業に特有な勘定科目として，材料，経費，仕掛品，製造間接費，製品などがある。財やサービスの流れにしたがって勘定間の移動がなされるが，これを仕訳によって行う。各種の補助簿も設けられる。

1. 原価計算と財務諸表

　原価計算の結果は財務諸表の作成のためにも利用される。製造業の財務諸表は商企業の財務諸表と比較して次のような特徴がある。
　①損益計算書の売上原価の内訳は期首製品棚卸高，当期製品製造原価（完成品原価），期末製品棚卸高から成っている。
　②貸借対照表の資産（棚卸資産）には，原材料，製品，仕掛品の期末棚卸高が表示される。

③ 原価計算期間は通常1か月であるから，月次決算を行って月毎の利益（営業利益）を算定することができる。

　以上の特徴から製造業の財務諸表のひな型を示せば図表2－1のようになる。なお，後述するように，製品に集計される原価は製造原価だけであり，販売費及び一般管理費は発生した期間に一括して費用計上される。

図表2－1　製造業の財務諸表

損益計算書		貸借対照表	
売上高	×××	製　　品	×××
売上原価：		仕掛品	×××
期首製品棚卸高	×××	原材料	×××
当期製品製造原価 ⊕ ×××			
計	×××		
期末製品棚卸高 ⊖ ××× ⊖ ×××			
売上総利益	×××		
販売費及び一般管理費 ⊖ ×××			
営業利益	×××		

2．製造原価報告書

　損益計算書の売上原価にある当期製品製造原価がどのようにして算定されたのかその明細を示したのが製造原価報告書である。以前は損益計算書の添付書類だったが，現在は義務づけられていない。そのひな型を示すと図表2－2のようになる。

図表2－2　製造原価報告書

当期材料費……………	×××
当期労務費……………	×××
当期経　費……………	⊕ ×××
当期総製造費用………	×××
期首仕掛品棚卸高……	⊕ ×××
計　…………	×××
期末仕掛品棚卸高……	⊖ ×××
当期製品製造原価……	×××

第2章 原価計算と財務諸表 ○── 13

【例題1】
　当社は，甲製品を大量に生産している。当期の生産および原価データにもとづいて，製造原価報告書，損益計算書（営業利益まで），貸借対照表（棚卸資産のみ）を作成しなさい。
　データ：①当期の発生原価
　　　　　製造原価………材料費　125,000円，労務費　205,000円，
　　　　　　　　経　費　88,000円
　　　　　販売費・一般管理費……60,000円
　　　②当期の生産量………2,000個
　　　③期末の未完成品（仕掛品）は200個でその原価は31,000円であった。
　　　④期首仕掛品，期首製品は無い。
　　　⑤当期の販売量…………1,700個
　　　⑥製品1個当たりの売価………285円

【解説と解答】
　当期製品製造原価は，（期首仕掛品棚卸高＋当期総製造費用－期末仕掛品棚卸高）によって求められる。本問の場合，期首仕掛品はないが期末仕掛品棚卸高は31,000円であるから，公式に当てはめて（0円＋418,000円－31,000円）＝387,000円と計算される。
　完成品単位原価とは，完成品原価つまり当期製品製造原価を完成品数量で除した数値である。つまり，1単位当たりの完成品原価のことである。完成品数量は製品の特性によって，kg，ℓ，t，個，ダース，袋，箱などの物量尺度によって表される（これを原価計算単位という）。本問の場合には，387,000円÷1,800個＝215円となる。
　売上原価は，（期首製品棚卸高＋当期製品製造原価－期末製品棚卸高）によって求められる。本問の場合には，売上原価は当期の販売量に対する製造原価（販売量×完成品単位原価）でも計算できる。つまり，215円×1,700個＝365,500円となる。
　期末製品原価は期末製品20個分の製造原価のことであり，期末製品在庫量に完成品単位原価を掛けて求められる。つまり，期末製品の製造原価は215円×100個＝21,500円と計算できる。以上の計算の過程を示すと次のようになる。

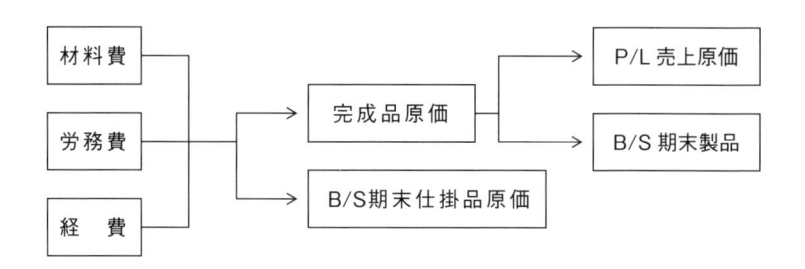

```
材料費 ┐
        ├─→ 完成品原価 ─┬─→ P/L 売上原価
労務費 ┤                 └─→ B/S 期末製品
        │
経　費 ┘ ─→ B/S期末仕掛品原価
```

したがって，次のような解答を得ることができる（単位はすべて円）。

製造原価報告書

当期材料費	125,000
当期労務費	205,000
当期経費	88,000
当期総製造費用	418,000
期首仕掛品棚卸高	0
計	418,000
期末仕掛品棚卸高	31,000
当期製品製造原価	387,000

損益計算書

売上高		484,500
売上原価：		
期首製品棚卸高	0	
当期製品製造原価	387,000	
計	387,000	
期末製品棚卸高	21,500	365,500
売上総利益		119,000
販売費及び一般管理費		60,000
営業利益		59,000

貸借対照表

製　品	21,500
仕掛品	31,000

3. 工業簿記

　製造活動の結果を会計帳簿に記録する役割が**工業簿記**である。原価計算は工業簿記から原価計算に必要なデータを受け取り，製品のコストを計算しその結果を会計帳簿に記録する。次に工業簿記特有の勘定科目を解説する。ただし，ここであげた勘定は基本的なものばかりであり，原価計算の複雑性によって種々の勘定が設定される。

1 材料勘定

材料の購入と払い出し（消費），在庫高を記録する。残高は，期末材料棚卸高である。直接材料費は「仕掛品」勘定へ，間接材料費は「製造間接費」勘定へ振り替えられる。

```
              材       料
   期首材料棚卸高  ×××  │ 当期材料消費高  ×××
   当期材料仕入高  ×××  │ 期末材料棚卸高  ×××
```

材料の購入時
　　（借方）材　　　料　×××　　（貸方）買掛金など　×××
材料の払出時
　　（借方）仕　掛　品※　×××　　（貸方）材　　　料　×××
　　　　　　製造間接費　×××

　　　　　　　　　　　　※「仕掛品」は「製造」でもよい。以下，同じ。

2 賃金給料勘定

賃金給料の支払いと消費を記録する。直接労務費は「仕掛品」勘定へ，間接労務費は「製造間接費」勘定へ振り替えられる。

```
           賃　金　給　料
   当期支払高    ×××  │ 当期消費高    ×××
```

支払い時（借方）賃　金　給　料　×××　　（貸方）預　り　金　×××
　　　　　　　　　　　　　　　　　　　　　　　　当座預金　×××
消費時（借方）仕　掛　品　×××　　（貸方）賃　金　給　料　×××
　　　　　　　製造間接費　×××

3 経費勘定

経費の支払いと消費を記録する。直接経費は「仕掛品」勘定へ，間接経費は「製造間接費」勘定へ振り替えられる。

```
             経        費
当期支払高   ×××  │ 当期消費高   ×××
```

支払い時（借方）経　　　費　×××　　（貸方）現　金　な　ど　×××
消 費 時（借方）仕　掛　品　×××　　（貸方）経　　　　費　×××
　　　　　　　　製造間接費　×××

4 製造間接費勘定

間接材料費，間接労務費，および間接経費を集計し，その配賦の記録を行う。

```
          製 造 間 接 費
間接材料費   ×××  │ 製品への配賦高   ×××
間接労務費   ×××  │
間接経費     ×××  │
```

製造間接費を製品に配賦した時
　　　（借方）仕　掛　品　×××　　（貸方）製造間接費　×××

5 仕掛品（または製造）勘定

当月に投入された製造原価，完成高，仕掛品の在庫高を記録する。残高は，期末仕掛品棚卸高である。完成高は「製品」勘定に振り替えられる。

仕　掛　品

期首仕掛品棚卸高	×××	当期完成品原価	×××
直 接 材 料 費	×××	期末仕掛品棚卸高	×××
直 接 労 務 費	×××		
直 接 経 費	×××		
製 造 間 接 費	×××		

製品完成時（借方）製　　品　×××　　（貸方）仕　掛　品　×××

6 製品勘定

　当期に完成した製品の受け入れとその販売，在庫高を記録する。残高は，期末製品棚卸高である。販売製品に対する製造原価は「売上原価」勘定へ振り替えられる。

製　　品

期首製品棚卸高	×××	当期売上原価	×××
当期完成品原価	×××	期末製品棚卸高	×××

7 売上原価勘定

販売製品に対する製造原価を記録する。

売　上　原　価

当期売上原価	×××	損　　　　益	×××

製品を販売した時

　　　（借方）売掛金など　×××　　（貸方）売　　　上　×××
　　　　　　売 上 原 価　×××　　　　　　製　　　品　×××

以上の取引を勘定連絡図に示せば図表2－3のようになる。

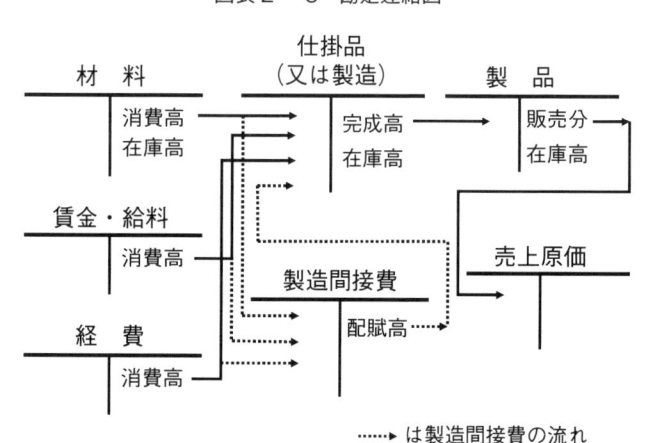

図表2－3　勘定連絡図

```
                      仕掛品
       材　料        （又は製造）        製　品
     ┬─────      ┬─────        ┬─────
     │消費高 ──→   │完成高 ──→     │販売分
     │在庫高    ─→ │在庫高           │在庫高
     │          ─→ │
   賃金・給料                          売上原価
     ┬─────                         ┬─────
     │消費高        製造間接費
                  ┬─────
       経　費     │配賦高 ┄┄┄→
     ┬─────  ─→
     │消費高    ─→
```

　　　　　　　　　　┄┄┄▶ は製造間接費の流れ

また，工業簿記特有の帳簿には次のものがある。

材料仕入帳，材料仕訳帳，材料元帳，賃金給料支払帳，賃金仕訳帳，支払経費計算表，月割経費計算表，測定経費計算表，経費仕訳帳，原価元帳，製品元帳，売上原価計算表，製造間接費元帳，機械費計算月報など。

【例題2】

次の取引を仕訳しなさい。

① 材料を次のように消費した。
　　A製品　128,200円　　B製品　88,600円　　間接費　33,500円

② 製造間接費を次のように配賦した。
　　A製品　253,800円　　B製品　210,500円

③ 当月に製品が次のように完成した。
　　A製品　558,600円　　B製品　428,300円

④ 当月に完成した製品をすべて掛けで売り上げた。
　　A製品　886,000円　　B製品　628,400円

【解説と解答】

取引を仕訳すると次のようになる。

① （借方）仕　掛　品※　216,800　　（貸方）材　　　料　　250,300
　　　　　製造間接費　　33,500

※製造でも良い。以下同じ。

② （借方）仕　掛　品※　464,300　　（貸方）製造間接費　　464,300

③ （借方）製　　　品　　986,900　　（貸方）仕　掛　品※　986,900

④ （借方）売 上 原 価　　986,900　　（貸方）製　　　品　　986,900
　　　　　売　掛　金　1,514,400　　　　　　売　　　上　1,514,400

演習問題

（1）当社は，甲製品を大量に生産している。当期の生産および原価データにもとづいて，次の数値を求めよ。

　　　当期製造費用，当期完成品原価，売上原価，期末製品原価，営業利益

　データ：①当期の発生原価

　　　　　　　製造原価………材料費　125,000 円，労務費　205,000 円，

　　　　　　　　　　　　　　経　費　　88,000 円

　　　　　　　販売費・一般管理費……　60,000 円

　　　　　②当期の生産量………　2,000 個

　　　　　③期末の未完成品（仕掛品）は 200 個でその原価は 31,000 円であった。

　　　　　④期首仕掛品，期首製品は無い。

　　　　　⑤当期の販売量…………　1,700 個

　　　　　⑥製品 1 個当たりの売価………　285 円

（2）次の当月の取引データに基づいて，必要な仕訳と勘定記入を行いなさい。ただし，次の勘定科目を用いること。

　　　材　　料　　　賃　　金　　　買　掛　金　　　仕　掛　品
　　　製造間接費　　所得税預り金　保険料預り金　　経　　費
　　　現　　金　　　売　掛　金　　　売 上 原 価　　売　　上
　　　製　　品

①材料の当月購入高は 358,400 円であった（掛け買い）。

②材料の当月消費高は 337,400 円であった。直接費は 316,300 円であり，間接費は 21,100 円である。

③当月の賃金総額は 523,800 円であり，源泉所得税 66,000 円と健康保険料 25,500 円を差し引いた残額は現金で支払った。

④賃金の消費高は 523,800 円で，直接費は 445,000 円，間接費は 78,800 円であった。

⑤経費 226,000 円を現金で支払った。

⑥当月の経費の消費高は 226,000 円ですべて間接費であった。

⑦製造間接費を製品に配賦した。

⑧製品の当月完成高は 888,000 円であった。

⑨製品の当月売上高は 1,220,600 円で，これに対する製造原価は 811,200 円であった。

第3章 原価と原価計算

> **ポイント**
>
> 1. 原価とは
>
>   原価（狭義）とはモノやサービスの消費を貨幣額で測定したものである。「原価計算基準」における原価の要件は①経済財の消費，②経営目的関連性，および③正常性である。
>
> 2. 製品原価と期間原価
>
>   収益との対応関係から，原価は製品に集計される製品原価と発生した期間の費用とされる期間原価に区分される。一般には，製造原価が製品原価となり，販売費・一般管理費が期間原価とされる。
>
> 3. 原価の構成
>
>   原価の構成内容を売価との関係から理解する。次の算式が成り立つ。
>   - 製造原価＝製造直接費＋製造間接費
>   - 総原価＝製造原価＋販売費・一般管理費
>
> 4. 個別原価計算と総合原価計算
>
>   一般に，製品原価計算というと個別原価計算と総合原価計算を指す。個別原価計算は特定製造指図書（番号）別に原価が把握され月末までに完成しない指図書に集計される。総合原価計算は原価計算期間の生産量に原価が関連づけられ，完成品と仕掛品に配分される。
>
> 5. 原価計算の手順
>
>   費目別計算（材料費，労務費，経費）→ 部門別計算 → 製品別計算の3段階によって原価計算が行われる。

1. 原価とは

　原価（costs）は広義と狭義に定義される。狭義の原価は「原価計算基準」における原価である。「原価計算基準」は 1962 年に，「企業会計原則」の一環として，原価に関して規定されている。そこでの原価は経済財の消費を貨幣額で測定したものである。つまり，経済財（原材料など）の消費であること，経営目的（購買，製造，販売）に関連していること，正常なものであることという要件がある。

　原価を価値犠牲として捉える広義の原価では，さらに機会原価も原価である。**機会原価**は経済財を特定の目的に利用する結果として失われる利益である。つまり利益で測定される原価である。機会原価は意思決定において重要であり，実際に帳簿には記録されない。これに対して，狭義の原価は資源の消費を貨幣支出額で測定するので，**支出原価**と呼ばれている。

　原価は，原価ではないものを規定することによっても定義しうる。**非原価（項目）** には，次のものが含まれる。

　　① 経営目的に関連しないもの。例えば，支払利息割引料，有価証券売却損などの財務活動から発生したもの，経営目的に利用していない資産の管理費，減価償却費など。
　　② 利益処分項目。例えば，配当金，利益準備金繰入額など。
　　③ 異常な原因から生じたもの。異常な仕損費，減耗費，火災による損失など。
　　　なお，仕損費は欠陥品の発生による損失，減耗費は材料の棚卸不足額である。

　異常性には，量的な異常性と経済状況の異常性がある。量的異常性は企業によって決定される。例えば，欠陥率が 0.2％ が正常であるとする場合に，1,000 個の製品の生産で 3 個の欠陥品が発生したとする。2 個は正常なので製品のコストに含め，1 個は異常として非原価とされる。これに対して，地震などによって欠陥品が発生した場合には，欠陥品に関わるコストはすべて異常とされる。

経済財の購入から製品の製造・販売までに原価がどのように損益計算書と貸借対照表に計上されるかをフロー・チャートで図示したのが図表3-1である。

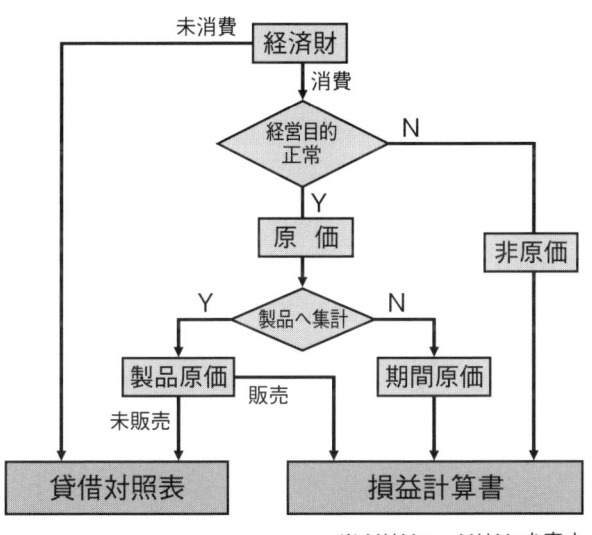

図表3-1 原価のフロー・チャート

※ YはYes，NはNoを表す

【例題1】
次の文章の正誤を答えなさい。ただし，原価とは狭義の原価を指す。
①部品や資材の棚卸不足（棚卸減耗費）はすべてが原価になる。
②投資を目的とする不動産の維持費や管理費は原価である。
③機会原価は帳簿に記入されないので原価ではない。
④火災によって消失した資源の減少は正常なものは原価であり，それを越える減少部分は非原価である。
⑤材料の購入原価は原価である。

【解説と解答】
　①については，正常基準が適用される。つまり，棚卸減耗が正常内であれば原価であるがそれを超えれば異常として非原価項目とされる。解答は「誤り」となる。

②は経営目的基準が適用される。投資活動は経営目的ではないから非原価となる。解答は「誤り」である。

　③は機会原価の性質についての文章である。実際に支出を伴わないので帳簿には記録されず，原価とはならない。解答は「正しい」になる。

　④は状況基準の適用である。状況が異常である限りすべてのものが異常になる。したがって，この文章は「誤り」である。

　⑤については，材料を消費（生産に投入）しなければ原価とはならない。購入しただけでは原価ではないので「誤り」となる。

2．製品原価と期間原価

　原価は棚卸資産価額を構成するかどうか，収益にどのように対応されるかによって製品原価と期間原価に区分される。**製品原価**（product costs）は棚卸資産価額を構成する原価で，完成品原価や仕掛品原価を計算するときに集計され，損益計算書の収益（売上高）には直接売上原価として対応される。**期間原価**（period costs）はその期間に発生した原価を損益計算書にその期間の費用として全額を収益に対応させる。つまり，製品原価は製品を媒介にして対応されるから，製品の販売がどれほどあるかに影響されるが，期間原価は販売には関係なく計上される。この関係を示したのが図表3－2である。

図表3－2　製品原価と期間原価

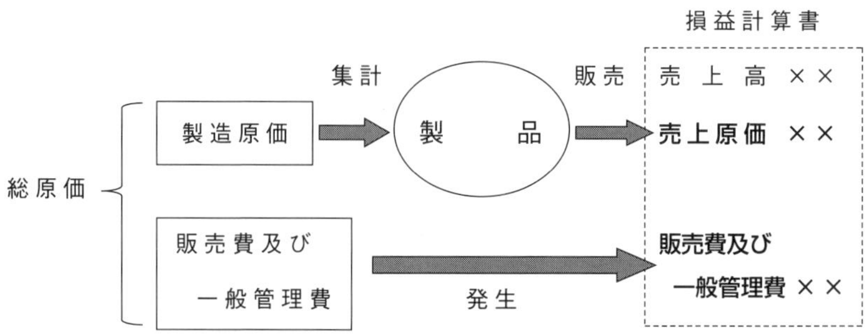

一般に，製造原価が製品原価となり，販売費及び一般管理費は期間原価として処理される。通常，原価という場合には製造原価を指すが，販売費及び一般管理費を含めて原価とするときには「**総原価**」と呼んで区別する。

3. 原価の構成

原価はいろいろな観点から分類されることについてはすでに述べたが，それぞれの関連や構成要素を理解することは原価計算の全体を把握する上で肝要である。普通，製品の売価は原価より高くなければ採算がとれないから，各製品の売価と原価との関係をも知っていなければならない。図表３－３はこれらの関係を図示したものである。

また，製造原価は直接材料費（または原料費）と加工費に区分される。

図表３－３　原価の構成

			利　益	
		販売費・一般管理費		販売価額
間接材料費	製造間接費	製造原価	総原価	
間接労務費				
間接経費				
直接材料費	製造直接費			
直接労務費				
直接経費				

【例題2】

次のデータにもとづき，①製造直接費，②製造間接費，③加工費の金額を計算しなさい。

〔データ〕

直接労務費	567,600 円	間接経費	388,700 円
材料費合計	1,227,000 円	間接労務費	106,550 円
間接材料費	338,900 円	経費合計	506,250 円

【解説と解答】

　製造直接費は，（直接材料費＋直接労務費＋直接経費）で計算される。直接材料費は材料費合計から間接材料費を差し引いて求め，直接経費は経費合計から間接経費を差し引いて求める。

　製造間接費は，（間接材料費＋間接労務費＋間接経費）で計算される。これらの数値はデータに示されている。

　加工費は，製造原価から直接材料費を差し引いて計算される。

　なお，わが国の「原価計算基準」（1962年に「企業会計原則」の一環として，特に製品原価の計算に関する一般的指針として制定された）では，原価計算目的の一つとして価格計算目的をあげている。ここにいう価格計算とは，価格を原価を積上げて計算することを意味している。つまり，価格が（製造原価＋販売費・一般管理費（以上，営業費用）＋利益）によって設定される場合を指している。このようにして価格が決定されるケースはそれ程多くはなく，例えば，政府の調達物資の価格形成，公定価格または統制価格の決定，公益事業の料金形成等に用いられている。なお，電気・ガス・電話料金は，適正な原価に適正な報酬を加えた「総括原価」を基礎として算定される。それは，企業が自ら利用するのではなく，規制機関が利用する場合を想定している。

①製造直接費　（1,227,000 円 − 338,900 円）＋ 567,600 円 ＋（506,250 円 − 388,700）
　　　　　　　＝ 1,573,250 円

②製造間接費　338,900 円 ＋ 106,550 円 ＋ 388,700 円 ＝ 834,150 円

③加工費　　　（1,573,250 円 ＋ 834,150 円）−（1,227,000 円 − 338,900 円）
　　　　　　　＝ 1,519,300 円

4. 個別原価計算と総合原価計算

　原価の集計方法や仕掛品の評価方法の違いによって，個別原価計算と総合原価計算がある。その違いを項目別に一覧表にすると図表3－4のようになる。

図表3－4　個別原価計算と総合原価計算の比較

	個別原価計算	総合原価計算
生産・市場形態	個別受注生産	大量連続見込生産
製造指図書	特定製造指図書	継続製造指図書
原価集計単位	指図書に指示される生産量	原価計算期間における生産量
基本的原価分類	直接費・間接費	原料費・加工費
仕掛品の評価	未完成の指図書に集計される製造原価	月末仕掛品に配分される製造原価

　この比較表は絶対的なものではない。例えば，直接費・間接費分類は総合原価計算でも実施される。

(1) 個別原価計算

　個別原価計算は，特に注文生産，個別生産に適用される原価計算の方法である。原価集計上，**特定製造指図書**と呼ばれる製造命令書が重要な役割を果たす。製品の注文を受けると，その設計図とともに製品名，生産量，製造着手日，予定納入日などを記載した特定製造指図書を発行するが，この指図書に記された指図書番号をもって製品を区別する。この指図書番号（No.とか#で表す）別に，つまり個別に原価を把握する。特定製造指図書の様式については，図表8－1に示されている。

　月末仕掛品の評価（月末仕掛品原価の計算のこと）は，月末現在において未完成となっている製造指図書に集計されてきた製造原価を合計することによって

求められる。つまり，発生した製造原価を集計していくことによって自動的に計算されることになる。

なお，個別原価計算の原価計算期間は，本来はそれぞれの指図書の製造着手日から完成日までであるが，製造間接費の配賦計算，月次決算を行う関係上，仕掛品が認識されるにすぎない。図表3－5は個別原価計算の仕組みを図示したものである。

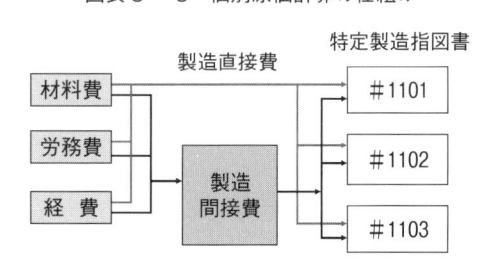

図表3－5　個別原価計算の仕組み

【例題3】
　次のデータに基づき指図書別の製造原価を計算しなさい。
　データ：①当月の材料費は次の通りであった。
　　　　　＃301　222,500円　　＃302　128,800円　　間接費　52,000円
　　　　②当月の労務費は次の通りであった。
　　　　　＃301　158,400円　　＃302　95,500円　　間接費　48,000円
　　　　③当月の経費は次の通りであった。
　　　　　＃301　28,500円　　間接費　485,600円
　　　　④製造間接費を次の比率で配賦する。
　　　　　＃301　70%　　＃302　30%

【解説と解答】
　製造間接費の合計額を計算すると次のようになる。
　　52,000円＋48,000円＋485,600円＝585,600円

この製造間接費を指図書別に配賦すると次の結果を得る。

＃301　585,600円×70％＝409,920円

＃302　585,600円×30％＝175,680円

以上より次のような表にまとめることによって，各指図書の製造原価を計算できる。

	＃301	＃302	合　計
直接材料費	222,500円	128,800円	351,300円
直接労務費	158,400	95,500	253,900
直接経費	28,500	―	28,500
製造間接費	409,920	175,680	585,600
計：製造原価	819,320円	399,980円	1,219,300円

　もし当月に＃301だけが完成し，＃302が未完成，つまり仕掛品であれば，当月の完成品原価は819,320円，月末仕掛品原価は399,980円となる。

(2) 総合原価計算

　総合原価計算は，大量連続生産，市場見込生産に特に適用される。そこでも製品別に**継続製造指図書**が発行されるが，この指図書は原価の集計とは関連しない。製品別に原価を把握はするが，むしろ発生した原価を原価計算期間の生産量，完成品数量と関連づける。次のようにして，完成品単位原価を求めるからそれは平均原価としての特徴をもつ。

$$完成品単位原価 = \frac{当月完成品原価}{当月完成品数量}$$

完成品原価は次の式で計算される。

　　完成品原価＝月初仕掛品原価＋当期製造費用－月末仕掛品原価

　月末仕掛品原価を特別に計算しなければならない点に個別原価計算との大きな相違がみられる。総合原価計算では，製造原価を原料費（直接材料費）と加工費に区分して計算する。

　総合原価計算には，製品種類や製品特性の観点から単純総合原価計算，組別

総合原価計算，等級別総合原価計算がある。図表3－6は組別総合原価計算の仕組みを図示したものである。

図表3－6　総合原価計算の仕組み

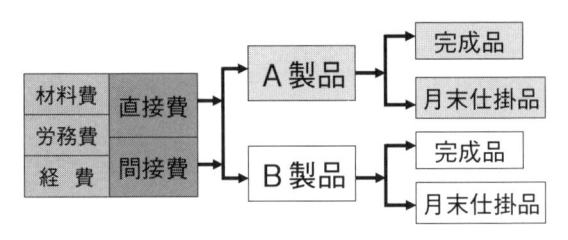

【例題4】

当社はＸ製品とＹ製品を連続的に生産している。次のデータに基づき製品別の完成品原価と完成品単位原価を計算しなさい。

［データ］
1）月初仕掛品原価：Ｘ製品　28,000円　　Ｙ製品　55,000円
2）当月の材料費：Ｘ製品　258,000円　　Ｙ製品　342,000円
　　　　　　　　　間接費　56,700円
3）当月の労務費：Ｘ製品　187,500円　　Ｙ製品　158,000円
　　　　　　　　　間接費　109,700円
4）当月の経費：全額間接費　382,600円
5）間接費の配賦：Ｘ製品　43％　　Ｙ製品　57％
6）当月の完成品数量：Ｘ製品　1,000個　　Ｙ製品　500個
7）月末仕掛品原価：Ｘ製品　44,570円　　Ｙ製品　48,930円

【解説と解答】

まず，間接費を製品別に配賦する作業が必要である。次のように計算される。

間接費合計　56,700円 + 109,700円 + 382,600円 = 549,000円

Ｘ製品への配賦　　549,000円 × 43％ = 236,070円

Ｙ製品への配賦　　549,000円 × 57％ = 312,930円

次に，製品別に次の計算式にデータの数値を当てはめれば，完成品原価が計算で

きる。

月初仕掛品原価＋当月製造費用（直接材料費＋直接労務費＋直接経費＋製造間接費配賦額）－月末仕掛品原価＝完成品原価

総合原価計算では月末仕掛品原価の計算が焦点となるが，本例題では既に与えられている。また，直接材料費以外の製造原価は計算上は加工費として一括される。解答を表形式で示せば次のようになる。

	X 製品	Y 製品	合 計
月初仕掛品原価	28,000 円	55,000 円	83,000 円
当月製造費用：			
直接材料費	258,000	342,000	600,000
直接労務費	187,500	158,000	345,500
製造間接費	236,070	312,930	549,000
計	709,570	867,930	1,577,500 円
月末仕掛品原価	44,570	48,930	93,500
差引：完成品原価	665,000 円	819,000 円	1,484,000 円

製品別の完成品原価を完成品数量で除すると完成品単位原価が計算される。つまり，次のようになる。

X 製品　　665,000 円／1,000 個＝ 665 円
Y 製品　　819,000 円／500 個＝ 1,638 円

5. 原価計算の手順

原価計算は，図表3－7に示すように費目別計算 → 部門別計算 → 製品別計算の手順を経て実施される。企業によっては，部門別計算を省略する場合もある。

費目別計算の段階は，財務会計的な原価の把握であり，原価要素別つまり材料費，労務費，

図表3－7　原価計算の手順

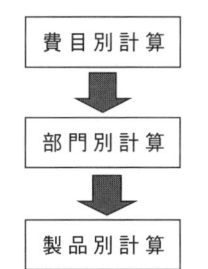

費目別計算
↓
部門別計算
↓
製品別計算

経費の別に計算される。原価計算の出発点であるからこの段階は財務会計と原価計算との連結環といえる。例えば，材料の購入は財務会計で取り扱い，材料の消費は原価計算で取り扱う。

部門別計算の段階では，部門（原価の発生場所・責任者）別に原価を把握する。これは，製品原価の正確な計算と原価管理を目的とする。

製品別計算の段階は，製品（原価負担者）別の原価の把握であり，この段階で個別原価計算または総合原価計算にしたがって完成品原価，完成品単位原価，月末仕掛品原価が計算される。

原価計算は，部門別（工程別）計算を行うかどうかによって次のようにいくつかの原価計算のタイプに区分される。

{ 単純個別原価計算 　{ 単一工程総合原価計算
　部門別個別原価計算　　　工程別総合原価計算

━━━━━━━━━━━━ 演習問題 ━━━━━━━━━━━━

（1）次の文章が正しければ「〇」，誤っていれば「×」を記入しなさい。ここで「原価」とは狭義の原価を指す。
　①販売費は原価である。
　②機会原価は利益額で測定される。
　③期間原価とは，その発生した期間の費用として処理される原価である。
　④製造原価から材料費を除いたものが加工費である。
　⑤支払利息や割引料のように財務活動によって発生したものは原価ではない。

（2）次の資料から，製造原価，総原価，製造間接費，および販売費及び一般管理費を計算しなさい。
　＜資　料＞
　間接材料費　　28,500 円　　直接労務費　　88,900 円
　労務費合計　124,000 円　　直接経費　　　23,800 円
　材料費合計　153,000 円　　販売価額　　627,000 円
　間接経費　　125,800 円　　販売利益　　総原価の 10％

（3）当社は個別原価計算を採用している。次の当月の原価データに基づき各指図書に集計される製造原価，完成品原価，月末仕掛品原価を求めなさい。

＜データ＞

1) 月初仕掛品　＃121　156,000 円

2) 当月製造費用：

①材料費　402,600 円

　　＃121　108,600 円，＃122　138,800 円，＃123　89,400 円

　　残りは指図書別に把握できない。

②労務費　428,500 円

　　＃121　88,000 円，＃122　102,600 円，＃123　55,700 円

　　残りは指図書別に把握できない。

③経　費　301,200 円

　　＃121　22,500 円，＃122　25,800 円，＃123　8,900 円

　　残りは指図書別に把握できない。

3) 製造間接費は，＃121 へ38％，＃122 へ46％，＃123 へ16％を配賦する。

（4）当社はA製品とB製品を連続的に生産している。次のデータに基づき製品別の完成品原価と完成品単位原価を計算しなさい。

［データ］

1) 月初仕掛品原価：A製品　126,500 円　　B製品　88,200 円

2) 当月製造費用：

　　直接費……A製品　587,700 円　　B製品　407,900 円

　　間接費……385,000 円

3) 間接費の配賦割合：A製品　70％　　B製品　30％

4) 当月の完成品数量：A製品　1,220 個　　B製品　850 個

5) 月末仕掛品原価：A製品　154,100 円　　B製品　84,600 円

第4章　材料費の計算

> **ポイント**
> 1. **材料費の分類**
>   ①形態別分類……素材費（または原料費），買入部品費，自製部品費，燃料費，工場消耗品費，消耗工具器具備品費
>   ②機能別分類……主要材料費，補助材料費
> 2. **材料の購入価額**
>   　　　材料の購入原価＝材料の購入代価＋材料副費
>   　材料副費は材料の仕入れに伴って付随的に発生する諸費用で，外部材料副費と内部材料副費がある。
> 3. **材料費の計算**
>   　　　材料費＝材料消費量×材料価格
>   　材料消費量の計算には，継続記録法，棚卸計算法，逆計算法がある。材料価格の大きさや材料管理の重要性によって使い分ける。材料価格の計算には，実際価格法と予定価格法がある。実際価格法として，先入先出法，移動平均法，総平均法などがある。予定価格法を採用した場合には，材料消費価格差異が算出され，月次決算において適切に処理される。

1. 材料費の分類

　材料を消費したとき材料費となる。材料費を形態別に分類するならば，素材費（または原料費），買入部品費，自製部品費，燃料費，工場消耗品費，消耗工具器具備品費がある。素材費は製品の主要な構成要素となる物品の消費を表す。例えば，自動車生産における鋼板，ビル建設における鉄骨やコンクリー

ト，石油化学工業におけるナフサなどがそれである。買入部品は外部から部品として買い入れられて製品に取り付けられる。自動車生産におけるガラスやタイヤ，シートなどである。工場消耗品は作業用手袋，機械油，研磨材，釘などをいう。消耗工具器具備品はスパナ，ハンマー，ペンチ，圧力計，製図板，机，椅子などを指す。

　素材費は機能別には**主要材料費**と**補助材料費**に分けられる。製品の製造に使用されると主要材料費，それ以外（修繕，研究開発など製品製造以外の目的）に使用されると補助材料費となる。

2．材料の購入原価の決定

　材料の購入は，常備材料であれば，倉庫係からの請求（材料購入請求書）によって購買係が仕入先に注文する（材料注文書）。材料が到着すると検収係が注文書通りの材料であるかどうかチェック（品質チェックや量目チェックなど）を行い，問題がなければ材料受入報告書を発行して，材料を倉庫へ保管する。引当材料の場合には，製造現場から請求を受け，検収された材料は現場に送られる。以上の購買手続きを図示すると図表4－1のようになる。

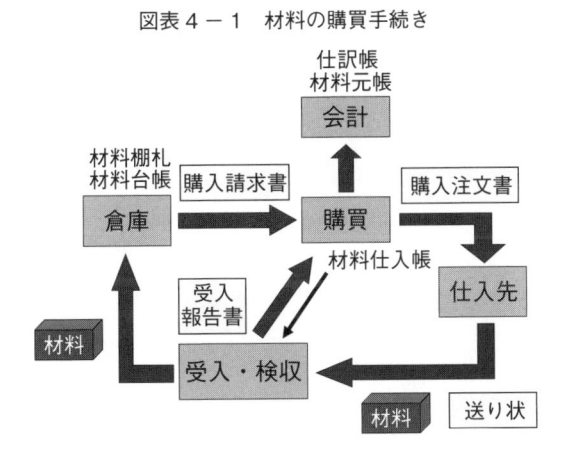

図表4－1　材料の購買手続き

材料費を計算するには,まず計算の基礎となる材料の購入原価を決定する必要がある。材料の購入原価は,購入代価(材料主費)に付随費用に相当する材料副費を加算して計算する。

> 材料の購入原価＝材料の購入代価＋材料副費

購入代価は材料本体の価格で材料主費,送り状価額ともいう。**材料副費**は,材料の購入に伴って付随的に発生する費用であり,外部材料副費と内部材料副費がある。企業の外部に支払われるのが外部材料副費で,引取運賃,保険料,関税(輸入材料の場合)などがある。企業の内部で発生する費用が内部材料副費で,検収費,事務費,保管料などがあげられる。

原則として,すべての材料副費を購入原価に含めるが,実務的な配慮から弾力的な取り扱いが可能である。購入原価に含められなかった材料副費は材料の払出時に材料費に配賦するか経費として処理される。なお,材料の購入原価に含められる材料副費について,予定配賦を行うこともできる。

材料の購入は,図表4－2のような**材料仕入帳**に記録される。

図表4－2 材料仕入帳

平成×年	摘要	借方					元丁	貸方	
		素材	買入部品	燃料	工場消耗品	消耗工具器具備品		買掛金	諸口

【例題1】

同時にA材料とB材料を仕入れた。次のデータに基づき，各材料の購入原価を計算しなさい。

[データ]

	A 材 料	B 材 料
①購入代価…………	250,000 円	750,000 円
②購入数量…………	1,000 kg	2,000 kg
③保険料……………	5,500 円	12,000 円
④支払運賃（共通）……	27,000 円（重量によって配賦する）	

【解説と解答】

購入原価には購入代価に保険料と支払運賃を含めることになるが，支払運賃は共通費となるため各材料への配分が必要である。指示に従って，重量つまり購入数量によって配分すると次のようになる。

A 材料　　$27,000 円 \times \dfrac{1,000kg}{1,000kg + 2,000kg} = 9,000 円$

B 材料　　$27,000 円 \times \dfrac{2,000kg}{1,000kg + 2,000kg} = 18,000 円$

したがって，各材料の購入原価は次のように計算される。

A 材料　　250,000 円 + 5,500 円 + 9,000 円 = 264,500 円
B 材料　　750,000 円 + 12,000 円 + 18,000 円 = 780,000 円

3. 材料費の計算

材料は**出庫票**（図表4-3）によってその消費が確認される。出庫票には，いつどこで請求されたのか，どの製品（指図書）を製造するためか，などの詳細が記録される。

図表4－3　材料出庫票

出　庫　票					
平成　年　月　日　　　　　　　No._____					
製造指図書番号_____　　　　請求部門名_____ 間接費費目指定番号_____					
品　名	規　格	数　量	単　価	金　額	
備　考		倉庫係		請求部門	

　現場からの出庫請求にもとづいて，倉庫係は出庫票の品名や数量欄などに記入して会計係に送り，会計係では出庫票の単価欄に記入して原価計算係に回す。これによって，原価計算係は該当する指図書または製品の原価計算表の直接材料費を計算することができる。

　材料費の計算は材料の消費量と価格の計算からなっている。

(1) 消費量の計算

　材料の消費量の計算は出庫票によって把握できるが，計算の方法としては，継続記録法，棚卸計算法，逆計算法がある。

　継続記録法は，材料の払い出しの記録を正確に行う方法であり，**材料元帳**（図表4－4）に記録される。製品（指図書）別に把握する必要のある材料，経済的に重要性の高い材料，したがって重点的に管理したい材料はこの方法を用い

図表4－4　材料元帳

平成 ×年	摘要	受　入			払　出			残　高		
		数量	単価	金額	数量	単価	金額	数量	単価	金額

る。この方法と実地棚卸を併用するならば，棚卸減耗を把握することができる。

棚卸計算法は，払い出しを記録しないで，期末に実地棚卸を行って次の算式で当月の消費量を推定する方法である。

$$当月消費量＝（月初在庫量＋当月仕入数量）－月末実地棚卸数量$$

この方法は，確かに簡単ではあるが，あくまでもその消費量は推定量にすぎない。消費量の中に棚卸減耗や他の原因で減少したものを含む可能性がある。管理的には利用できない。工場消耗品のように，金額が小さく間接材料費となるような材料に用いられる。

逆計算法は，標準原価計算において，単位当たりの標準材料消費量が設定されている場合，当月の生産量から材料消費量を逆算する方法である。この方法は，単独では用いることができず，継続記録法か棚卸計算法と併用して用いられる。それによって消費量差異を算出し能率を判断する情報を得ることができる。

$$当月消費量＝製品の単位当たり標準消費量×当月生産量$$

【例題2】
①当社は材料費の計算に棚卸計算法を採用している。5月期のデータに基づいて，C材料の当月消費量を計算しなさい。

　データ：5/1　前月繰越　　　320kg
　　　　　　6　仕　　入　　1,200kg
　　　　　 17　仕　　入　　　800kg
　　　　　 31　実地棚卸数量　450kg

②製品1個を生産するのにD材料を2.5kg必要であると見積もられた。当月に520個の製品を生産したとき，D材料の予定消費量を求めなさい。

【解説と解答】
　　①の棚卸計算法は払出の記録を行わないで上記の計算式で当月の消費量を求める方法である。したがって，次のようになる。

320kg ＋（1,200kg ＋ 800kg）－ 450kg ＝ 1,870kg

②の問題は逆計算法による消費量の計算である。次のようにして予定消費量を計算する。

2.5kg × 520 個 = 1,300kg

(2) 価格の計算

価格の計算は，実際の購入原価を基礎として計算する方法（実際価格法）と予定価格による方法（予定価格法）がある。

実際価格法には個別法，先入先出法，後入先出法，移動平均法，総平均法などがある。個別法は実際に払い出した材料の価格をもって計算する方法であり即物的な計算方法である。恣意性が入る可能性が高いため，口別計算の方法としては用いられない。

先入先出法（FIFO）は，先に仕入れた材料から先に払い出されるという仮定である。買入れ順法ともいわれる。モノの流れと一致するという特徴を持っている。

後入先出法（LIFO）は，最も新しく仕入れた材料から払い出されるとする仮定である。買入れ逆法ともいわれる。材料の価格が上昇しているときに架空利益を計上するのを排除するが，残高に何年も前に購入した材料の価格が残るという欠陥も指摘される。この方法は制度的には認められなくなった。

平均法には，移動平均法と総平均法がある。**移動平均法**は材料の仕入のつど平均単価を計算して次の払出しの時に適用する方法であり，**総平均法**は月平均単価とか四半期平均単価を計算して，関係する期間に払出した材料すべてにその平均単価を適用する方法である。例えば，月平均単価の計算式は次のようになる。

$$月平均単価 = \frac{月初棚卸高 ＋ 当月仕入高}{月初在庫量 ＋ 当月購入量}$$

実際価格法ではどの方法を用いるかによって計算結果が異なること，会計係が材料元帳に記録した後でなければ原価計算ができないことなどの理由で，一

般には予定価格法が採用されている。**予定価格**は将来の一定期間について見積もった材料の購入単価である。予定価格法による場合には，出庫の際に出庫票が複写され会計係と原価計算係に回付されるので，原価計算は迅速化される。なお，予定価格を用いた場合にも，材料元帳には実際価格で記録される。したがって，原価計算表で計算される材料費（間接材料費を含む）との間に差異が生じる。この差異を**材料消費価格差異**という。実際額が予定額を超える場合は「不利差異」（または借方差異），逆の場合には「有利差異」（または貸方差異）となる。

なお，材料の消費は**材料仕訳帳**に記録される（図表4－5）。

図表4－5　材料仕訳帳

平成×年	摘要	元丁	借方		元丁	貸方				
			仕掛品	製造間接費		素材	買入部品	燃料	工場消耗品	消耗工具器具備品

【例題3】

次のE材料の受払いのデータに基づいて，先入先出法，移動平均法，総平均法によって当月の材料消費高と月末残高を計算しなさい。

［材料受払データ］

6/1	前月繰越	500kg	@100円
3	払出（消費）	300kg	
8	受入（仕入）	600kg	@120円
13	払　　出	400kg	
15	受　　入	600kg	@130円
21	払　　出	300kg	
25	〃	500kg	

【解説と解答】

　13日の払出額の計算を例にとって解説する。

　先入先出法は買い入れ順に払い出すものと仮定するのであるから，13日の400kgのうち200kgは@100円，残りの200kgは@120円で計算される。

　移動平均法では，仕入の都度，残高合計の平均単価を計算する方法であり，これをもって次の払い出し額を計算する方法である。それで，8日の仕入れ時点で平均単価は，(200kg×@100円 + 600kg×@120円)／(200kg + 600kg) = 115円と計算し，13日の400kgにこの単価を適用する。

　総平均法は，月末に月初有高と当月仕入高の平均単価を計算し，この単価をもって払出額を計算する方法である。当月の平均単価を求めると次のようになる。

$$\frac{500\text{kg} \times @100円 + 600\text{kg} \times @120円 + 600\text{kg} \times @130円}{500\text{kg} + 600\text{kg} + 600\text{kg}} = 117.647円$$

　したがって，13日の400kgにこの平均単価を掛けて払出額を算定する。

　以上により，計算結果を表にすると次のようになる。

	当月消費高	月末残高
先入先出法	174,000円	26,000円
移動平均法	175,200円	24,800円
総平均法	176,471円	23,529円

　参考までに先入先出法によって材料元帳に記録すると次のようになる。

第4章 材料費の計算 ── 43

E材料　　　　　　　　　材　料　元　帳　　　　　　（単位：kg，円）

平成×年		摘要	受入			払出			残高		
			数量	単価	金額	数量	単価	金額	数量	単価	金額
6	1	前月繰越	500	100	50,000				500	100	50,000
	3	払　　出				300	100	30,000	200	100	20,000
	8	受　　入	600	120	72,000				600	120	72,000
	13	払　　出				200	100	20,000			
						200	120	24,000	400	120	48,000
	15	受　　入	600	130	78,000				600	130	78,000
	21	払　　出				300	120	36,000	100	120	12,000
									600	130	78,000
	25	払　　出				100	120	12,000			
						400	130	52,000	200	130	26,000

【例題4】
　当社は材料費を予定価格法によって計算している。次のデータに基づいて指図書別の直接労務費と材料消費価格差異を求めなさい。
　［データ］
　　a．予定価格は1kg当たり850円とする。
　　b．材料消費量……#301　500kg，#302　300kg　修繕用　10kg
　　c．材料の実際消費高………711,500円

【解説と解答】
　指図書別の材料消費高は次のようになる。
　　#301　500kg × 850円 = 425,000円
　　#302　300kg × 850円 = 255,000円
　また，材料消費価格差異は次のように求められる。
　　711,500円 − 810kg × 850円 = 23,000円（不利差異）

4. 間接材料費の計算

　間接材料費には，素材費であっても製品製造以外の目的（修繕や燃料）で使用したもの（つまり補助材料費），燃料費，工場消耗品費，消耗工具器具備品費が含まれるが，燃料費以下の材料費については，継続記録法によって消費額を把握する方法，棚卸計算法によって把握する方法，購入時に消費額とする方法などがある。どのような方法を採用するかは，材料管理の重要性によって，また受け払いの頻度によって異なるであろう。

―――――― 演習問題 ――――――

（1）当社はX材料を使用して受注生産している。7月中の受払データは次の通りであるとき，指図書別の直接材料費を先入先出法，移動平均法，総平均法によって計算しなさい。

　【受払データ】
　　7/1　前月繰越　　　150kg（@600円）
　　　6　仕入れ　　　　350kg（@610円）
　　　13　払い出し（#201）　280kg
　　　19　払い出し（#202）　120kg
　　　25　仕入れ　　　　300kg（@611円）
　　　28　払い出し（#202）　180kg

（2）当社はY材料を用いて製品を製造している。Y材料の当月の受払いに関するデータは次の通りであった。移動平均法によって払出計算をしている。次のデータに基づき，指図書別の当月材料費を計算しなさい。

　［データ］
　　1日　前月繰越高　　150kg　@820円　　123,000円
　　6日　850kgを@825円で仕入れた。この仕入に伴って，諸費用（材料副費）12,750円が発生した。
　　8日　次の順序で払い出した。

　　　　　＃111　500kg，＃112　300kg
16日　1,800kgを＠843円で仕入れた。この仕入に伴って，諸費用（材料副費）25,200円が発生した。
23日　次の順序で払い出した。
　　　　　＃111　220kg，＃112　650kg，＃113　380kg

（3）横浜工業は，受注生産を行っている。当社はZ材料の払出を予定価格550円を用いて計算している。当月の受払データに基づき質問に答えなさい。材料副費は材料単価に含まれている。

［受払データ］（番号は取引順を示す）
1. 繰越　100kg　＠500円　50,000円
2. 仕入　80kg　＠550円　44,000円
3. 払出　（#1010）　50kg
4. 払出　（#1020）　100kg
5. 仕入　120kg　＠580円　69,600円
6. 払出　（#1020）　40kg
7. 仕入　100kg　＠600円　60,000円
8. 払出　（#1010）　120kg

（質問1）指図書別材料費を計算しなさい。
（質問2）先入先出法で計算した場合，Z材料の材料消費価格差異はいくらか。

第5章 労務費の計算

> **ポイント**
>
> 1. **労務費の分類**
>   労務費は形態別には，賃金，給料，雑給，従業員賞与手当，退職給付引当金繰入額，法定福利費に分類される。また，労務主費と労務副費という分類もある。
>
> 2. **支払賃金の計算**
>   作業員の作業時間は作業票によって把握され，これに基づいて次のようにして給与の支払額が計算される。
>   　給与総額＝基本給＋割増給＋諸手当
>   　支給額＝給与総額－諸控除額
>
> 3. **消費賃金の計算**
>   賃金の消費額を指図書別に次のようにして計算する。
>   　指図書別直接作業時間×賃率
>   賃率には個別賃率か平均賃率が用いられる。
>   賃金支払期間と原価計算期間にズレがある場合には次の公式で原価計算期間に属する要支払高を求める。
>   　当月の支払高－前月未払高＋当月未払高
>
> 4. **間接労務費の計算**
>   賞与は将来支払われる賞与額を見積り，その金額を関係する月数で割った月割額を当月の消費額とする。退職給付引当金繰入額も当期に計上する必要のある退職給付引当金の繰入額を見積り，その金額を会計期間の月数で除した月割額を消費額とする。
>
> 5. **予定賃率による計算**
>   材料費を予定価格を用いて計算したのと同様，労務費を予定賃率を用いて計算する方法がある。この場合に，予定賃率で計算された消費額と実際消費額との差額を賃率差異という。

1. 労務費の分類

　労務費は労働用役の消費を金額で表したものである。これには，形態別に見ると，賃金，給料，雑給，従業員賞与手当，退職給付引当金繰入額，法定福利費がある。

　賃金は製造現場の作業員（工員）への給与であり，これには直接作業員（直接工）賃金と間接作業員（間接工）賃金がある。この中には，給与計算における諸手当は含まれない。

　給料は，工場事務員や管理者に対する給与である。また，雑給は臨時工や臨時事務員への給与である。

　従業員賞与手当は，従業員への賞与と諸手当（家族手当，住宅手当，通勤手当など）である。また，退職給付引当金繰入額は退職給与金であって将来の支払のために当期に新たに積み立てる（つまり，繰り入れる）必要のある金額を指す。法定福利費は，従業員への福利厚生費であって，社会保険料や健康保険料の事業主負担額であり，保険法などによって事業主は保険料の1/2以上を負担することが義務づけられている。

　材料費と同じように，労務費を労務主費と労務副費とに区分することもできる。**労務主費**は，従業員を雇用することによる購入代価，すなわち給与を指す。これに対して，**労務副費**は，従業員の雇用による付随費用，すなわちその管理および福利厚生を目的として企業が負担する費用を指す。これには，公傷病手当，休業手当，法定福利費，福利施設負担額，厚生費（医薬品費，定期検診費，レクリエーション補助費など），従業員募集・訓練費，労務部・人事部・医務部・食堂部等の費用が含まれる。なお「原価計算基準」では，福利施設負担額以下の労務副費を経費に含めている。

2. 支払賃金の計算

　賃金に限らず，すべての給与に当てはまるが，次のようにして給与総額と給与支給額が従業員別に計算される。

　　給与総額＝基本給＋割増給＋諸手当
　　支給額＝給与総額－諸控除額

　基本給は定時就業時間に定時賃率を掛けて求められる。また，割増給は定時外時間に対する給与であり，割増しの定時外賃率を掛けて求められる。これには残業手当や休日出勤手当などが含まれる。諸手当には，家族手当，通勤手当，住宅手当などが含まれ，作業とは直接関連を持たない。諸控除額には，源泉所得税，社会保険料，組合費などが含まれる。企業側では，預り金として処理される。原価計算上は給与総額が製品原価の計算対象となるが，このうち諸手当は従業員賞与手当に含めて処理し，特に直接労務費の計算には関係させない。従業員別の給与の支払い状況は，これを賃金・給料支払帳（図表 5 - 1）に記録する。これらの計算の基礎となるデータは，従業員別のタイム・レコーダーや**作業（時間）票**（図表 5 - 2）から入手される。

図表 5 - 1　賃金・給料支払帳

従業員No.	氏名	基本給	割増給	支払賃金	諸手当	給与総額	健康保険料	所得税	現金支給額

図表5－2　作業時間表

作 業 時 間 票					
平成　年　月　日　　　　　　No.＿＿＿＿					
氏　名＿＿＿＿＿　　　　　　　工員番号＿＿＿＿					
所属部門＿＿＿＿＿					
製造指図書番号 または作業種類	開始時刻	終了時刻	所要時間	定時・定外 内訳	
				職長　㊞	

【例題1】

当月の直接作業員の賃金支払データによって，A，Bの各作業員の当月の給与総額と現金支給額を計算しなさい。

［データ］

①当月の定時内勤務時間は，次のとおりである。

　作業員A……185時間　作業員B……196時間

②各作業員の定時内賃率は次のとおりである。

　作業員A……860円　作業員B……780円

③当月の定時外勤務時間は，次のとおりである。

　作業員A……25時間　作業員B……30時間

④定時外勤務に対する賃率は，定時内の25％増しの賃率を用いる。

⑤通勤手当等の諸手当は次のとおり支払われる。

　作業員A……28,500円　作業員B……33,100円

⑥源泉所得税，社会保険料等が控除される。

　作業員A……36,200円　作業員B……30,500円

【解説と解答】

基本給は，（定時就業時間×定時賃率）によって計算する。時間外勤務時間については，これに割増賃金つまり（定時外時間×定時賃率（1＋割増率））によって計算する。

作業員Aについて給与総額と現金支給額を計算すると次のようになる。

給与総額 = 185 時間 × 860 円 + 25 時間 × 860 円（1 + 0.25）+ 28,500 円
       = 214,475 円

現金支給額 = 214,475 円 − 36,200 円 = 178,275 円

作業員 B について給与総額と現金支給額を計算すると次のようになる。

給与総額 = 196 時間 × 780 円 + 30 時間 × 780 円（1 + 0.25）+ 33,100 円
       = 215,230 円

現金支給額 = 215,230 円 − 30,500 円 = 184,730 円

3. 消費賃金の計算

労務費の指図書別計算（直接労務費の計算）は次によって行う。

　　指図書別直接作業時間 × 賃率

したがって，直接作業時間を記録することが重要である。これは，作業（時間）票とか作業日報によって把握される。直接作業員の就業時間がそのまま直接作業時間になるわけではない。直接作業員の就業時間の内訳を示せば次のようになる。

$$
就業時間 \begin{cases} 作業時間 \begin{cases} 直接作業時間 \\ 間接作業時間 \end{cases} \\ 手待時間 \end{cases}
$$

手待時間とは，作業員の責任とはならない原因によって生ずる無作業時間で，例えば，機械の故障による修理待ち，材料待ち，監督の指示待ちなどがある。この手待時間に賃率を乗じた金額を手待賃金といい，間接労務費として処理する。手待時間票または不働時間票に記録する。

作業開始や製品生産の切り換え，作業終了時に行う段取時間は，直接作業時間に含めて捉える。米国では，段取費は製造間接費としている。

賃率の計算については，作業員別の賃率（個別賃率）のほかに，職場・職種ごとの平均賃率を用いることもできる。その平均賃率は次のようにして求める。

$$職種・職場別の平均賃率 = \frac{職種・職場別の基本給と割増給の合計額}{その職種・職場の総就業時間数}$$

一般には，平均賃率が用いられる。同じ作業であれば，誰が行ったかによってではなく，誰が行っても同じ賃率で計算するというわけである。また，平均賃率を用いる方が計算の簡単化にもつながる。

消費賃金の計算結果は，賃金仕訳帳に記録され，月末に合計仕訳が行われる（図表5－3）。

図表5－3　賃金仕訳帳

平成×年	作業時間表	番号又は枚数	借方		貸方
				仕掛品	製造間接費	賃金

賃金や給料を**原価計算期間に属する要支払高**をもって消費額とすることができる。これは，特に給与計算期間と原価計算期間とにタイムラグがある場合に用いられる。例えば，給与支払が20日締め25日支払いで，原価計算期間が暦月であるとする。下図のように，9/1～9/30の原価計算期間に属する支払額（要支払額）を計算するには，次のようにして行う。

当月の支払高（8/21～9/20）－前月未払高（8/21～8/31）＋当月未払高（9/21～9/30）

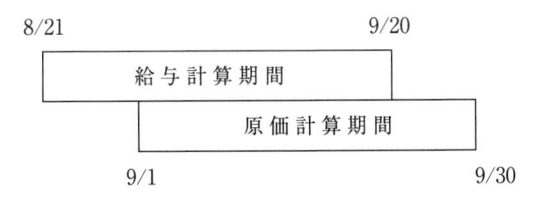

```
     8/21                        9/20
      ├──── 給与計算期間 ────┤
             ├──── 原価計算期間 ────┤
            9/1                        9/30
```

その時の賃金勘定の記入は次のようになる。ただし，未払賃金勘定を用いる方法による。

	賃	金	
9/25 諸　　口 ×××	9/ 1 未払賃金 ×××
30 未払賃金 ×××	30 仕 掛 品 ×××
	〃 製造間接費 ×××

【例題２】
　次のデータに基づいて当原価計算期間に属する要支払高と実際賃率を計算しなさい。
　［データ］
　①前月未払賃金……256,800 円
　②当月支払賃金……基本給　1,288,600 円　　割増給　336,700 円
　　　　　　　　　　諸手当　 188,500 円
　③当月未払賃金……306,400 円
　④当月就業時間……直接作業時間　420 時間　　手待時間　30 時間

【解説と解答】
　まず，原価計算期間に属する要支払高は次のように計算される。そのさい諸手当は無視される。
　　1,288,600 円 + 336,700 円 − 256,800 円 + 306,400 円 = 1,674,900 円
　実際賃率はその月の要支払額をその月の就業時間で除して求められる。次のように計算される。
　　1,674,900 円 ÷ 450 時間 = 3,722 円

4．間接労務費の計算

　間接労務費には，直接工の手待賃金，間接作業賃金，間接工賃金，給料，雑

給などが含まれるが，ここでは特に従業員賞与と退職給付引当金繰入額の計算について説明しておく。

賞与は通常年1回とか2回支払われる。賞与は給与の後払い的性質をもっているから，該当する期間の終わりに支払われる。そこで，原価計算としては，将来支払われるはずの賞与を事前に見積もって計上せざるを得ない。したがって，賞与の見積額を関係する月数で除した金額を月末に計上することになる。例えば，賞与が年2回支払われる場合，半年分の賞与見積額を6等分することによって毎月の賞与負担額を計算することができる。

賞与と同じことは退職給付引当金繰入額についてもいえる。通常，退職給付引当金繰入額は決算の時に計上されるから，当会計期末の退職給付金の繰入額を見積もって，その見積額を関係する月数で除した金額を毎月の発生額として計上する。

なお，自主的操業短縮に伴う休業，不況に起因するレイオフ（一時帰休）など，事業主の責に帰すべき事由による休業の期間（時間）に対して支給する休業手当は，間接労務費として処理される。

【例題3】
　6か月の従業員の賞与の見積額が5,112,000円であるとき，毎月の賞与額を計算しなさい。

【解説と解答】
　賞与の見積額を6か月で除して次のように求められる。
　5,112,000円÷6か月＝852,000円

5．予定賃率による計算

計算の迅速化，記帳の簡略化のために予定賃率によって計算する方法が認められている。**予定賃率**とは，将来の一定期間について予想される賃率をいい，

次のようにして求められる。

$$予定賃率 = \frac{一定期間における基本給及び割増給予定額}{同上期間における予定総就業時間}$$

予定賃率にも個別賃率と平均賃率があり得るが，通常は平均賃率を用いる。なお，予定賃率によって計算された労務費は実際の賃金消費額と比較され，**賃率差異**が算定される。次に予定賃率を用いたときの勘定記入を示す。

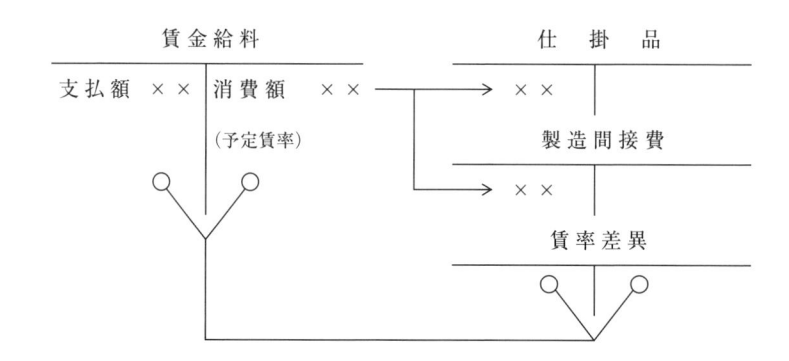

```
        賃金給料                              仕 掛 品
  支払額 ××  消費額  ×× ─────→  ××
              (予定賃率)                 製造間接費
                                     ─────→ ××
                                          賃率差異
```

【例題 4】

A 職種の賃金計算に予定賃率を用いている。その賃率は 1 時間当たり 1,880 円である。次の当月のデータに基づき，指図書別の直接労務費を計算し，賃率差異を算定しなさい。

データ：
①当月の賃金支払額
　基本給　654,750 円　　割増給　254,625 円　　諸手当　41,225 円
②当月の就業時間データ
　直接作業時間…＃211　185 時間，＃212　220 時間，＃213　58 時間
　間接作業時間… 22 時間

【解説と解答】

指図書別の直接労務費は次のように計算される。
　＃211　185 時間×1,880 円＝347,800 円

#212　220時間×1,880円＝413,600円

　　#213　58時間×1,880円＝109,040円

　また，賃率差異を算定すると次のようになる。

　　予定賃率による賃金　　485時間×1,880円　　＝911,800円

　　実際の賃金支払額　　　654,750円＋254,625円＝909,375円

　　差引：賃率差異　　　　　　　　　　　　　　　2,425円（有利差異）

─────── 演習問題 ───────

（1）組立作業員 A，B，C の当月（7/1〜31）のデータに基づいて質問に答えなさい。ただし，消費賃率は実際平均賃率によること。

〔7月中のデータ〕

①支払賃金のデータ

作業員	就業時間 定時	就業時間 定外	賃率 定時	賃率 定外	諸手当	諸控除額
A	152時間	19時間	900円	?	24,600円	42,850円
B	140	19	860	?	28,800	36,250
C	145	25	800	?	18,900	28,800

（注）定時外賃率は定時賃率の25％増しとする。

②作業時間データ

作業員	#1011	#1012	#1013	手待時間	計
A	82時間	45時間	28時間	16時間	171時間
B	43	66	38	12	159
C	68	42	50	10	170

（質問1）作業員別の給与総額と現金支給額を計算しなさい。

（質問2）指図書別の直接労務費を計算しなさい。

（質問3）手待賃金を計算しなさい。

（2）当原価計算期間のある職場の直接作業員の賃金データが次のようになっている場合，質問に答えなさい。

〔データ〕
①前月未払賃金——— 60,210 円
②当月支払賃金（基本給＋割増給）———— 458,500 円
③当月未払賃金——— 42,140 円
④当月の実際就業時間——— 277 時間
　内訳：直接作業時間———＃ 104　128 時間，＃ 105　82 時間　＃ 106　44 時間
　　　　手待時間—— 8 時間
　　　　間接作業時間—— 15 時間

（質問）①当原価計算期間に属する賃金の要支払高を計算しなさい。
　　　　②この職場の実際平均賃率を求めなさい。
　　　　③直接賃金を製造指図書別に計算しなさい。
　　　　④手待賃金はいくらか。
　　　　⑤間接作業賃金はいくらか。

（3）当社は賃金の計算を予定賃率を用いて行っている。次のデータにより，質問に答えなさい。

〔データ〕
①予定賃率は 1 時間当たり 2,200 円である。
②当月の実際の就業時間の内容
　指図書別直接作業時間……＃ 111　195 時間　　＃ 112　255 時間
　間接作業時間…… 18 時間　　手待時間…… 12 時間
③当月の賃金支払いデータは次の通りである。
　基 本 給　873,600 円　　割増給　215,040 円　　諸 手 当　326,400 円
　諸控除額　249,600 円

（質問 1）指図書別の直接賃金，間接作業賃金，手待賃金を計算しなさい。
（質問 2）賃率差異を計算しなさい。

第6章 経費の計算

> **ポイント**
>
> 1. 経費の分類
>
>   経費は材料費および労務費以外の製造原価である。直接経費・間接経費,単純経費・複合(経)費などに分類される。
>
> 2. 経費の計算
>
>   経費の消費高は,支払経費,月割経費,測定経費,発生経費に分けて計算される。
>
>   支払経費は支払高に基づいて計算され,月割経費は月割額を消費高とする。測定経費は実際の消費高を測定することによって計算し,発生経費は実際の発生額を消費高とする。

1. 経費の分類

　経費は,材料費,労務費以外の製造原価を指すから,さまざまな費目が含まれる。形態別に示せば次のものがある。

　外注加工賃,特許権使用料,型代,設計料,検査費,福利施設負担額,
　厚生費,減価償却費,旅費交通費,通信費,保険料,電力料,水道料,
　賃借料,保管料,棚卸減耗費,仕損費など

　直接経費に属するものとしては外注加工賃,特許権使用料,型代,設計料があげられる。外注加工賃は下請業者などに必要な資材を提供し,部品として加工してもらったときに支払われる加工賃である。型代には製品の金型などの減価償却費や修繕費などが含まれる。

この中には，労務費的性質を持つ経費（福利施設負担額，厚生費）や材料費的性質を持つ経費（棚卸減耗費）が含まれている。福利施設負担額は，会社が所有する病院や託児所などへの負担や社員食堂への補助を指す。厚生費は会社の慰安旅行や運動会開催のための諸費用を指す。

材料費，労務費，経費を複合的に捉えた**複合費**も経費の一種である。例えば，修繕用材料費と修繕工賃金と修繕料を合計した修繕費がそれである。これは機能別分類の一つである。

2. 経費の計算

経費はさまざまなものを含んでいるから，材料費や労務費のような計算式で説明できるものではない。そこで，その消費額の計算の方法をグループに分けてみると，支払経費，月割経費，測定経費，発生経費の4つがある。

(1) 支払経費

当月の支払高を基礎に計算する方法である。支払いと消費に期間的なラグがあるならば，その支払いがどの原価計算期間に属するかを考慮する。未払いや前払いがあれば次のようにして調整する。

　　当月消費高＝当月支払高－前月未払高＋当月未払高
　　当月消費高＝当月支払高＋前月前払高－当月前払高

期間的なラグがあっても，当月支払高をもって消費高とする方法もこの経費グループにはいる。旅費交通費はこの典型例である。支払経費は支払経費計算表に記録される（図表6－1）。

図表6-1 支払経費計算表

○月分　　　　　　　　平成×年×月×日

費　目	当月支払高	前　　月		当　　月		当月消費高
		未払高	前払高	未払高	前払高	
外注加工賃 以下　略	156,820	33,250		28,600		152,170

【例題1】
　旅費交通費の当月支払高が256,400円で，このうち85,500円が次月以降の出張に対するものであるとすれば，当月に属する旅費交通費はいくらか。

【解説と解答】
　当月支払高の中に次月以降に属する支出額が85,500円含まれているので，これを差し引いて次のように計算される。
　256,400円 − 85,500円 = 170,900円

(2) 月割経費

　数ヶ月分まとめて支払われたり，決算時に一括して計上処理される経費は，これを関係する月数で割った金額を当月の消費額とする。保険料や固定資産税，減価償却費，賃借料はこの代表例である。月割経費は月割経費計算表に記録される（図表6-2）。

図表6-2 月割経費計算表

○年上期分　　　　　　　　平成×年×月×日

費　目	半期総額	月　割　額					
		4月	5月	6月	7月	8月	9月
減価償却費 以下　略	885,000	147,500	147,500	147,500	147,500	147,500	147,500

【例題2】
　火災保険料1年分542,400円を支払ったとすれば，毎月の火災保険料はいくらか。

【解説と解答】
　542,400円／12カ月＝45,200円（つまり月割額）と計算される。

(3) 測定経費

　実際に計測器や計量器を用いて測定したり，メーターを毎月末に調査して測定された実測値によって当月の消費額を計算する方法である。電力料やガス代，水道料がこの代表例である。例えば，電力料などのメーターを調べて次のような計算式によって消費額（測定額）を計算する。

　　当月消費額＝（当月末指針－前月末指針）×料率＋基本料金

　測定経費は測定経費計算表に記録される（図表6－3）。

図表6－3　測定経費計算表

○月分　　　　　　　　平成×年×月×日

費　目	前月指針	当月指針	当月消費量	単価	金　額
電力料	120,358	133,259	12,901	35	451,535
以下　略					

【例題3】
　電力料の基本料金が25,000円で，料率が1kwh当たり120円であるとする。前月末指針が18,354kwh，当月末指針が21,219kwhであったとき，当月の電力料はいくらか。

【解説と解答】
　上記の計算式を用いて次のように求められる。
　　25,000円＋（21,219kwh － 18,354kwh）× 120円＝368,800円

(4) 発生経費

　当月の実際の発生額を消費額とする方法である。これに属する経費は少ないが，棚卸減耗費や仕損費が代表例としてあげられる。発生経費は発生経費計算表に記録される（図表6 - 4）。

　以上の経費分類は経費の費目によって予め決まっているわけではなく，状況によって変化する。例えば，電力料を企業側が測定せずに，支払額をもって消費額とする場合には測定経費ではなく支払経費となる。また，棚卸減耗費も毎月の実地棚卸の結果によって，その月に属する消費額が異なることが不合理であると考えるならば，年間の棚卸減耗費の発生額を見積もって，月割りする方法を採用するかもしれない。

図表6 - 4　発生経費計算表

〇月分　　　　　　　　平成×年×月×日

費　目	部　門	品　名	数　量	単価	金　額
棚卸減耗費	Y倉庫	Z材料	185kg	1,880	347,800
以下　略					

【例題4】
　材料の帳簿棚卸高が458,620円であり，実地棚卸高は412,830円であった。当月の棚卸減耗費はいくらか。

【解説と解答】
　棚卸減耗費は棚卸不足額で帳簿棚卸高と実地棚卸高との差額であるから次のように計算される。
　　458,620円 - 412,830円 = 45,790円

以上の経費の消費については，経費仕訳帳に記録される（図表6－5）。

図表6－5　経費仕訳帳

平成×年	経費種類	費　目	借　方 製　造	借　方 製造間接費	貸　方
	支払経費（以下省略）	特許権使用料	×××		×××

――― 演習問題 ―――

（1）次の文章の正誤を答えなさい。

①出張旅費は支払経費の一例であるが，出張する月ではなく，旅費の仮払いを請求した月の消費額とする。

②水道料は，いつも測定経費となる。

③棚卸減耗費は毎月の発生額をその月の消費額とするならば，発生経費である。

④社外に支払う修繕料は単純経費であるが，この修繕料のほかに社内の修繕作業員に支払う給与など修繕関係の費用をまとめて把握された修繕費は複合費である。

⑤棚卸減耗費は経費ではなく，材料副費として処理されることもある。

（2）次の文章の　　　　に適当な用語を入れなさい。

1. 原価の機能別分類の一種で，原価の3要素のうち2つ以上の費目をまとめて把握される経費を　a　という。
2. 棚卸減耗費を年間の見積額を基準に消費額を計算するなら，この経費は　b　経費であり，毎月の実際発生額を消費額とするなら　c　経費である。
3. 社員食堂の食費の一部を会社側が負担した場合，これは　d　という費目で処理される。
4. 修繕のための材料費や修繕工の賃金などを合計して修繕費とするなら，この修繕費は　e　の代表例である。
5. 金型の減価償却費や修繕料は　f　として直接経費として処理される。

（3）次は経費計算のための当月のデータである。これに基づいてそれぞれの経費項目の当月消費額を求めなさい。ただし，原価計算期間は1カ月，会計期間は1年である。

［データ］
① 火災保険料————1年分の支払高　96,000円
② 水道料——————当月支払高　10,500円　　当月測定高　12,000円
③ 特許権使用料———当月支払高　158,000円　　前月未払高　28,000円
　　　　　　　　　　当月未払高　15,000円
④ 賃借料——————3カ月分の支払高　240,000円
⑤ 棚卸減耗費————当会計期間の見積額　285,000円
⑥ 電力料——————当月末指針　12,531kwh，前月末指針　11,389kwh
　　　　　　　　　　基本料金　8,000円，料率　kwh当り　20円
⑦ 旅費交通費————当月支払高　42,000円，前月前払高　8,000円
　　　　　　　　　　当月前払高　12,000円

第7章 製造間接費の配賦計算

> **ポイント**
>
> 1. **製造間接費の配賦**
>
>   製造間接費を指図書別に配賦する際の計算式は次のようになる。
>
> $$製造間接費配賦率 = \frac{製造間接費発生額}{配賦基準数値合計}$$
>
>   指図書別製造間接費配賦額 ＝ 指図書別配賦基準数値 × 製造間接費配賦率
>
> 2. **配賦基準**
>
>   配賦基準には次のものがある。
>   - ①原価法……直接材料費法，直接労務費法，素価法など
>   - ②時間法……直接作業時間法，機械時間法など
>   - ③数量法……生産量法など
>
> 3. **生産中心点別機械時間法**
>
>   機械群（生産中心点）別に機械時間法を適用したものである。機械群別に製造間接費を集計し，機械群別の機械率をもって指図書等に配賦する。機械率は次の算式によって計算される。
>
> $$生産中心点別機械率 = \frac{生産中心点別機械費}{当月総機械時間数}$$
>
> 4. **製造間接費の予定配賦計算**
>
>   製品の単位原価を算定するときの生産量の影響を排除し計算を迅速化し価格決定などの管理目的に資するために予定配賦する方法が一般に採用されている。その計算式を示すと次のようになる。
>
> $$製造間接費予定配賦率 = \frac{製造間接費予算額}{予定配賦基準数値}$$
>
>   指図書別製造間接費予定配賦額 ＝ 指図書別実際配賦基準数値 × 予定配賦率
>
>   その際に発生する実際発生額との差額を製造間接費配賦差異という。

5. 差異の分析

製造間接費配賦差異は予算差異と操業度差異に分解される。予算差異は固定予算か変動予算かによって算定の仕方が異なる。操業度差異は生産能力をどれほど利用したかを表す。

6. 活動基準原価計算

製品等への正確な配賦計算を実施するために考案された計算方法で，資源 → 活動 → 製品等の手順で原価計算が行われる。製造間接費が活動ごとに配分され，各活動原価は活動ドライバーによって製品ごとに配分される。

1. 製造間接費の配賦

原価計算の歴史は，製造間接費をどのように製品に配賦するかの歴史でもあると言われる。

製造間接費は間接材料費，間接労務費，間接経費の合計額であり，この製造間接費を指図書または製品（グループ）に配分する手続きが製造間接費の配賦である。

個別原価計算では，製造間接費を直接に指図書へ配賦する方法と部門別に集計した後に部門別に配賦する方法がある。前者が単純個別原価計算であり，後者が部門別個別原価計算である。本章では，個別原価計算を前提に製造間接費の配賦を解説するが，これは総合原価計算にも当てはまる。

製造間接費の配賦計算を一般式で示せば，次のようになる。

$$製造間接費配賦率 = \frac{製造間接費発生額}{配賦基準数値合計}$$

指図書別製造間接費配賦額 ＝ 指図書別配賦基準数値 × 配賦率

例えば，図表7－1のように，製造間接費（OH）をある基準（A）で指図書に配賦するとする。指図書別の配賦基準数値が＃111がA1，＃112がA2，

図表7-1 配賦率と配賦額の計算

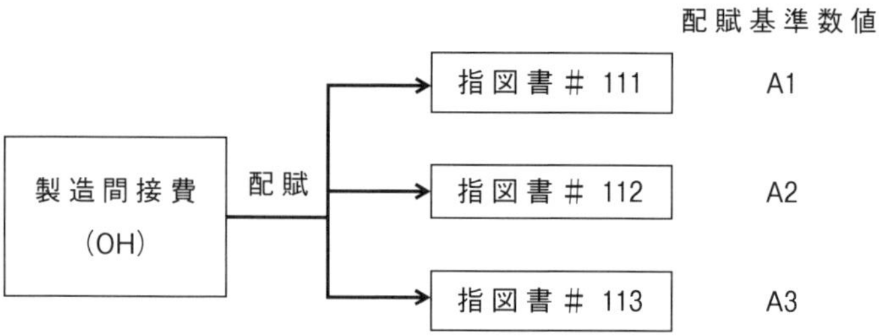

```
                              配 賦 基 準 数 値
              ┌→ 指図書♯111    A1
製造間接費  配賦
  (OH)    ├→ 指図書♯112    A2
              └→ 指図書♯113    A3
```

♯113がA3であるとすれば，配賦率は次のように求められる。

$$\text{製造間接費配賦率} = \frac{\text{OH}}{\text{A1} + \text{A2} + \text{A3}}$$

各指図書への配賦額は次のように計算される。

♯111　　A1×製造間接費配賦率
♯112　　A2×製造間接費配賦率
♯113　　A3×製造間接費配賦率

製造間接費を変動費と固定費に区分して配賦する方法もある。

2. 配賦基準

製造間接費をどのような割合で各指図書に配分するかを決定するのに，配賦基準は重要な役割を果たす。主な配賦基準をあげれば次のものがある。
①原価法
　直接材料費法，直接労務費法，素価法，製造直接費法
②時間法
　直接作業時間法，機械時間法，生産中心点別機械時間法
③数量法
　材料消費量法，生産量法

上記のうち，**素価**とは直接材料費と直接労務費の合計値である。

どの配賦基準を採用するかは企業の判断に任されるが，製造間接費の発生と最も関連のある配賦基準や製造間接費の大きな割合を占めている費目と関連のある配賦基準をとれば，正確性は高まる。原価法よりも時間法のほうが価格変動の影響を受けにくい。また，一般に生産量法は計算は簡単ではあるが不正確となる。わが国では，直接作業時間法や直接労務費法の採用がもっとも多い。

【例題１】

次のデータに基づいて，①～④の配賦基準によって，製造間接費の配賦率と各指図書への配賦額を求めなさい。

①直接材料費法
②直接労務費法
③製造直接費法
④直接作業時間法

［データ］

1. 製造間接費の当月実際発生額――――― 520,000 円
2. 指図書別の当月直接費および作業時間

	＃1010	＃1011	＃1012	合　計
直接材料費	4,500,000 円	2,800,000 円	2,700,000 円	10,000,000 円
直接労務費	1,200,000	1,000,000	300,000	2,500,000
直接経費	300,000	125,000	75,000	500,000
計	6,000,000 円	3,925,000 円	3,075,000 円	13,000,000 円
直接作業時間	500 時間	320 時間	180 時間	1,000 時間

【解説と解答】

例えば，直接材料費法で配賦するという場合，配賦率計算式の分母を直接材料費総額の 10,000,000 円として，これで製造間接費発生額を除すれば次のように配賦率が求められる。

$$製造間接費配賦率 = \frac{520,000 円}{10,000,000 円} = 0.052$$

この場合の配賦率の意味は，直接材料費 1 円当たり製造間接費を 0.052 円を各指図書が負担するということである。この配賦率に指図書それぞれの直接材料費を乗ずれば，各指図書への配賦額が計算できる。次のようになる。

　＃1010 への配賦額　4,500,000 円 × 0.052 ＝ 234,000 円
　＃1011 への配賦額　2,800,000 円 × 0.052 ＝ 145,600 円
　＃1012 への配賦額　2,700,000 円 × 0.052 ＝ 140,400 円

以下，同様の方法によって計算すると次のようになる。

配賦基準	配賦率	指図書別配賦額 ＃1010	＃1011	＃1012
① 直接材料費法	0.052	234,000 円	145,600 円	140,400 円
② 直接労務費法	0.208	249,600	208,000	62,400
③ 製造直接費法	0.04	240,000	157,000	123,000
④ 直接作業時間法	520	260,000	166,400	93,600

3. 生産中心点別機械時間法

　生産中心点別機械時間法は性能や加工内容を異にする機械（群）別に製造間接費を配賦するものである。この機械（群）が**生産中心点**（production center）である。どんな機械で加工しても 1 時間は 1 時間とする機械時間法よりも実態に即して正確に配賦することができる。FA（工場自動化）に適した方法といえる。

　図表 7 − 2 に示すように，まず製造間接費を機械別に集計する。そのさいに機械個別費は機械に直課し，機械共通費は適当な基準で機械に配賦する。各機械に集計された製造間接費は**機械費**（マシーン・コスト）と呼ばれ，この機械費を当月の総運転時間数で除して 1 時間当たりの機械費，つまり**機械率**（マシーン・レート）を計算する。それぞれの機械率を指図書別に乗じて指図書別に配賦する。なお，直接作業時間を基準に計算された配賦率のほうは，マン・レートと呼ばれている。

図表7－2　生産中心点別機械時間法による配賦構造

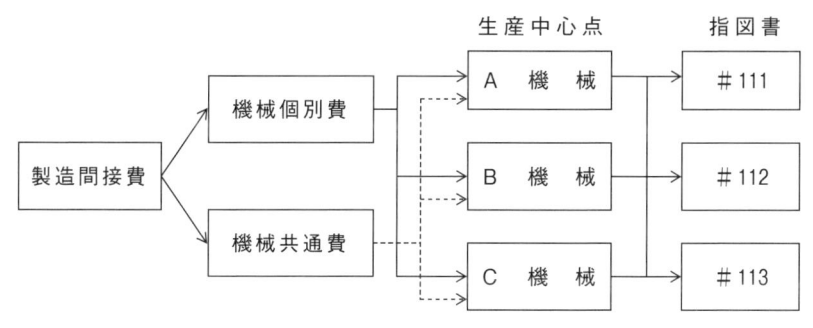

```
                          生産中心点        指図書
              ┌→機械個別費─┬→┌A 機械┐→┌♯111┐
製造間接費─┤              │  └─────┘  └────┘
              │              ├→┌B 機械┐→┌♯112┐
              │              │  └─────┘  └────┘
              └→機械共通費┈┴→┌C 機械┐→┌♯113┐
                                  └─────┘  └────┘
```

機械率と配賦額の計算式を示せば，次のようになる。

$$生産中心点別機械率 = \frac{機械別機械個別費 + 機械共通費配賦額}{機械別運転時間総数}$$

指図書別配賦額 ＝ 機械率 × 指図書別実際機械別機械運転時間数

以上の計算過程を一覧表にしたのが機械費計算月報（図表7－3）という帳簿である。

図表7－3　機械費計算月報

機械費計算月報

費　　目	配賦基準	合　計	A　機　械	B　機　械
機械個別費 （細目省略） 機械共通費 　X 　Y	馬力数 価　額			
合　　計				

また，ボール盤やフライス盤を作業員が操作しながら加工する工場では労務費と製造間接費を合計した加工費を製品に配賦する（**加工費配賦**）場合もある。

【例題２】
　当社はA機械とB機械によって材料を加工している。製造間接費は生産中心点別機械時間法によって各指図書に配賦している。次の当月のデータに基づいて質問に答えなさい。

データ①当月の製造間接費……… 1,209,110 円
　　　②指図書別機械加工時間

生産中心点	＃ 501	＃ 502
A 機械	175 時間	88 時間
B 機械	224 時間	122 時間

　　　③機械個別費
　　　　A機械……… 487,960 円　　B機械……… 266,150 円
　　　④機械共通費……… 455,000 円（機械購入原価を基準に配賦）
　　　　A機械の購入原価……… 5,600 万円
　　　　B機械の購入原価……… 3,500 万円
＜質問１＞各生産中心点のマシーン・レートを求めよ。
＜質問２＞各指図書への配賦額を計算せよ。

【解説と解答】
　まず，機械共通費の配賦を行っていこう。機械共通費は各機械の購入原価を基準として配賦するから，次のように計算される。

$$\text{A機械への配賦額}\quad 455,000\text{円} \times \frac{5,600\text{万円}}{5,600\text{万円}+3,500\text{万円}} = 280,000\text{円}$$

$$\text{B機械への配賦額}\quad 455,000\text{円} \times \frac{3,500\text{万円}}{5,600\text{万円}+3,500\text{万円}} = 175,000\text{円}$$

　したがって，各機械費は次のようになる。
　　A機械　　487,960 円 + 280,000 円 = 767,960 円
　　B機械　　266,150 円 + 175,000 円 = 441,150 円

マシーン・レート（機械率）は機械費を機械時間数で除して次のように計算される。

A機械　　767,960円／(175時間＋ 88時間) = 2,920
B機械　　441,150円／(224時間＋122時間) = 1,275

各指図書への配賦額は次のようになる。

#501　　175時間×2,920＋224時間×1,275 = 796,600円
#502　　 88時間×2,920＋122時間×1,275 = 412,510円

機械費計算月報に記録すると次のようになる。

機 械 費 計 算 月 報

費　　目	配賦基準	合　　計	A　機　械	B　機　械
機械個別費 機械共通費	機械購入原価	754,110円 455,000	487,960円 280,000	266,150円 175,000
合　　計		1,209,110円	767,960	441,150円

4. 製造間接費の予定配賦計算

　製造間接費には変動費だけではなく固定費が多く含まれている。固定費は操業度の増減に関わらず総額では一定であるが，単位原価は操業度の増加に応じて減少する。特に季節的な変動のある企業では，操業度（生産量）の低いときには製品の単位原価は高く，操業度が高いときには低くなる。このような傾向を排除し，計算を迅速化するために製造間接費を予定配賦する方法が一般に採用されている。

　予定配賦率と配賦額の計算は次のようになる。

$$製造間接費予定配賦率 = \frac{製造間接費予算額}{予定配賦基準数値}$$

指図書別製造間接費予定配賦額 ＝ 指図書別実際配賦基準数値×予定配賦率

なお，固定費の予定配賦に当たっては**基準操業度**を予め決定しておかないと，予定配賦率を計算することができない。基準操業度というのは配賦率を決定する基準となる操業度という意味で，実際的操業度，予算操業度，正常操業度などが用いられる。**実際的操業度**は，キャパシティ（生産能力）の物理的に利用可能な現実的な操業度であり，**予算操業度**は製造予算で決定される操業度で，物理的観点からだけではなく，販売可能性をも考慮している。**正常操業度**は主として長期的な観点から需要の景気循環を考慮して決定した操業度である。**操業度**というのは，人的・物的キャパシティの利用度を意味しており，その尺度としては生産量や直接作業時間，機械時間などが採用される。

なお，製造間接費の予定配賦額は**製造間接費予定配賦表**に記録される。これを図表7－4に示す。

図表7－4　製造間接費予定配賦表

製造間接費予定配賦表

201x年6月分

日付		製造指図書番号	予定配賦率	配賦基準 (直接作業時間)	予定配賦額
6	5	1011	2,150	280	602,000
	12	1012	〃	315	677,250
	18	1013	〃	165	354,750
以下　省略					

月末に，製造間接費の予定配賦額合計がその実際発生額と異なるときには，その差額を**製造間接費配賦差異**として処理する。実際発生額が予定配賦額より大きい場合を配賦不足，少ない場合は配賦超過と呼ばれる。

【例題3】
　当社は製造間接費を直接作業時間を基準に予定配賦している。次のようなデータが与えられているとすると，各指図書への予定配賦額と製造間接費配賦差異はいくらになるか。
　①当会計期間における製造間接費予算額……… 3,675,000 円
　②同上期間における予定直接作業時間………… 5,000 時間
　③製造間接費の当月実際発生額………………… 388,200 円
　④当月の指図書別直接作業時間：
　　＃ 111　185 時間，＃ 112　110 時間，＃ 113　220 時間

【解説と解答】
　直接作業時間法に基づいて予定配賦率を計算すると次のようになる。

$$予定配賦率 = \frac{3,675,000 円}{5,000 時間} = 735$$

　この予定配賦率を用いて指図書別に予定配賦すると次のようになる。
　　＃ 111 への予定配賦額　185 時間 × 735 = 135,975 円
　　＃ 112 への予定配賦額　110 時間 × 735 = 80,850 円
　　＃ 113 への予定配賦額　220 時間 × 735 = 161,700 円
　製造間接費配賦差異は次のように求められる。
　　388,200 円 − (135,975 円 + 80,850 円 + 161,700 円) = 9,675 円（配賦不足）

5．差異の分析

　製造間接費配賦差異は，予算差異と操業度差異とに区分される。**予算差異**は，予算額と実際額との差額であるが，予算差異の算出に当たっては，固定予算を採用しているか変動予算を採用しているかによって異なる。**固定予算**とは，実際操業度がどうであれ，当初予定した操業度における予算額と実際発生額とを比較する方法である。これに対して，**変動予算**は実際操業度に応じて予算額を修正し，この修正予算額と実際発生額とを比較してコントロールに資する方法

である。

したがって，予算差異は次のように算定される。

＜固定予算の場合＞

　　予算差異＝基準操業度における予算額－実際発生額

＜変動予算の場合＞

　　予算差異＝実際操業度における予算額－実際発生額

なお，実際操業度における予算額は次のようにして計算する。

　　実際操業度×操業度単位当たり変動間接費（変動費配賦率）＋固定費予算額

予算差異は，無駄や節約，見積の誤りなどを意味する。

操業度差異は，基準操業度と実際操業度の差を金額で示したものであり設備の利用度を意味する。次のようにして求められる。

　　操業度差異＝予定配賦額－基準操業度における予算額　　または
　　操業度差異＝（基準操業度－実際操業度）×固定費配賦率

【例題4】
次のデータに基づいて，差異分析を行いなさい。変動予算を採用している場合について解答しなさい。
　①当月の予定操業度（直接作業時間）………… 500 時間
　②予定配賦率………………… 630／時間（内，変動費配賦率は 400）
　③当月の実際直接作業時間………… 450 時間
　④製造間接費の実際発生額………… 326,000 円

【解説と解答】
　変動予算を採用しているから，予算差異は実際直接作業時間に対応する予算額と実際発生額との差額である。次のように算定される（下図の上の中カッコ部分）。

なお，固定費部分は固定費配賦率の230に予定操業度500時間を乗じて算定される。

予算差異　（450時間×400＋115,000円）－326,000円
　　　　　＝－31,000円（不利差異）

操業度差異は予定配賦額と実際直接作業時間に対応する予算額との差額であるから，次のように算定される（下図の下の中カッコ部分）。

操業度差異　450時間×630－（450時間×400＋115,000円）
　　　　　　＝－11,500円（不利差異）

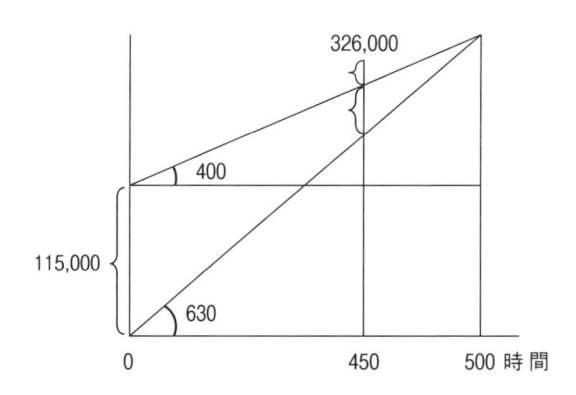

6. 活動基準原価計算

(1) 活動基準原価計算とは

活動基準原価計算（Activity-Based Costing：ABC）とは，製造間接費を活動別（例えば，段取り，マテハン，検査など）に集計し，各活動原価をそれぞれ適切な別個の基準（**活動ドライバー**と呼ばれている）で製品へ配賦する方法をいう。製造間接費の配賦の精緻化を目的として1980年代後半に考案された。

ABCは次の5段階によって製造間接費を配賦する。

①活動（アクティビティ）を識別する。

②個々の活動に製造間接費を配分する。個々の活動に集計される製造間接費は活動コストと呼ばれ，それぞれがコスト・プールとなる。

③活動別の活動ドライバーを選択する。

④活動ドライバー当たりの活動コスト（レート）を算定する。
⑤各製品の活動別の消費量に上記のレートを掛けて配賦する。

上の原価計算の手続きを図示すると図表7－5のように描けるであろう。

ABCの前提は，活動が生産資源を消費してコストを発生させ，製品が活動を需要し消費するというものである。

図表7－5　活動基準原価計算の構造

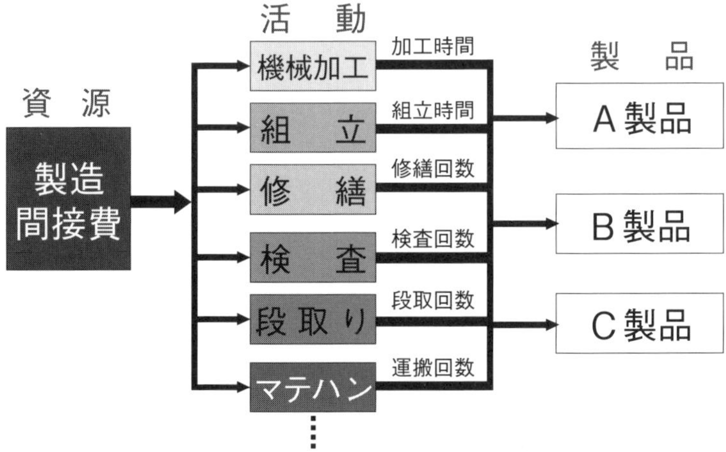

(2) 活動ドライバー

通常の部門別原価計算では，原価を部門（コスト・プール）に集計し，その後で部門別に製品に配賦する方法をとっているが，ABCでは原価を活動（活動プール）に配分し，各活動からただちに製品等のコスト・オブジェクトに配分する点に特徴が見られる。

各活動プールから製品へ配賦するさいの基準としてとりうる**活動ドライバー**には図表7－6に示すものがある。

生産の自動化（FA化），多品種少量生産といった製造環境の変化によって，製造間接費が量的にも質的にも変化してきた。そうした時代背景のもとでABCが登場してきた。特に，段取り，生産スケジュール，製品設計，マテハ

図表7-6 活動ドライバー例

活動コスト	活　　動	活動ドライバー例
段取費	生産の段取り	段取回数，段取時間
材料取扱費	マテハン	注文回数，入荷回数
機械費	機械生産	機械運転時間
検査費	材料，製品の品質検査	検査回数，検査時間
技術費	新製品の設計，設計変更	生産回数，変更回数
在庫費	製品，部品の保管	入荷回数
保守費	機械の保全修理	修理回数，修理時間

ン（運搬・運搬管理），検査，品質管理といった機能の多様性と複雑性をもたらした。それは，間接部門のコスト，支援部門のコストを増大させることになった。段取費や検査費などは従来は固定費として処理されていたが，このコストは生産量では変動しないがバッチやロットごとに変動するコストであることがABCによって認識された。ABCは正確な製品コストの計算を通して製品戦略に役立つ情報を提供する。

【例題5】
　段取活動に集計されたコスト（段取費）が178,800円であったとき，これを生産回数で配賦しなさい。X，Y，Z製品の当月の生産回数がそれぞれ4，6，20回であった。

【解説と解答】
　　段取費の活動ドライバーは生産回数が用いられている。段取費を生産回数合計で除して活動ドライバー・レートを計算し，製品に生産回数を基準に配分するとその配分額は次のように計算される。

$$段取費のレート = \frac{178,800円}{4回 + 6回 + 20回} = 5,960$$

　X製品　　4回 × 5,960 = 23,840円

Y 製品　　6 回 × 5,960 ＝ 35,760 円
Z 製品　　20 回 × 5,960 ＝ 119,200 円

(3) 時間適用活動基準原価計算

　近年，ABC の簡易版として TDABC（Time Driven ABC：時間適用活動基準原価計算）が Kaplan と Anderson によって考案された。これは活動をすべて時間によって測定し，時間方程式を用いて製品等に配分する方法である。例えば，製品の配送部門における包装活動について考えてみよう。ABC においては包装コストの活動ドライバーは包装回数（件数）が用いられるが，それが通常の包装なのか特別の包装なのか，航空便かどうか，壊れやすいものかどうか，などには配慮が払われていない。TDABC ではそれらの要因が次のように時間方程式に反映される。

　　ある製品の包装時間＝通常の包装時間＋特別包装時間＋航空便の包装時間
　　　　　　　　　　　＋壊れやすい製品の包装時間

　この包装時間に包装部門の時間あたりレートを掛けて包装コストが当該製品に配分される。各時間（単位時間）は予定時間である。例えば，包装部門の1分当たりのレートが820円で，A 製品の所要包装時間が18分とすると，A 製品への包装部門費の配分額は 14,760 円である。

第 7 章　製造間接費の配賦計算　——79

=== 演 習 問 題 ===

（1）次の一連の問題に答えなさい。

①次の原価計算表の空欄に適当な金額を入れて，完成させなさい。なお，当社は製造間接費を直接労務費を基準に各指図書へ配賦している。月初仕掛品棚卸高は439,170円であった。

(単位：円)

	＃150	＃151	＃152	＃153
月初仕掛品原価	(　　　)	182,450	—	—
直 接 材 料 費	338,000	307,500	256,300	226,800
直 接 労 務 費	283,000	(　　　)	(　　　)	152,000
直 接 経 費	82,200	112,000	44,400	55,700
製 造 間 接 費	127,350	101,250	(　　　)	(　　　)
合計：製造原価	(　　　)	(　　　)	486,300	(　　　)

②①の原価計算表に基づいて，次の仕掛品勘定に必要な記入を行いなさい。ただし，当月末までに＃150, 151, 152は完成したが，＃153は未完成だった。

仕　掛　品

前 月 繰 越	(　　　)	製　　　品	(　　　)
材　　　料	(　　　)	次 月 繰 越	(　　　)
賃 金 給 料	(　　　)		
経　　　費	(　　　)		
製造間接費	(　　　)		

（2）当社は，製造間接費を機械別に集計して指図書別に配賦する原価計算の方法を採用している。機械別の当月の指図書別機械運転時間データは次の通りであった。

	指図書＃11	指図書＃12	指図書＃13
A機械	65時間	22時間	16時間
B機械	28	35	42

また，製造間接費の当月発生額は1,174,450円であり，機械別にその発生額が明確に識別できる機械個別費は，A機械が335,490円で，B機械が447,980円であった。残りは機械共通費であるが，そのうち甲機械共通費は，234,180円，乙機械共通費は，156,800円であった。それぞれの共通費の配賦基準と数値は次の通りであった。

	配賦基準	A機械	B機械
甲機械共通費	馬　力　数	25馬力	50馬力
乙機械共通費	機械取得原価	3,200万円	8,000万円

＜質問①＞それぞれの機械共通費の配賦額を計算しなさい。
＜質問②＞それぞれの機械の機械費を計算しなさい。
＜質問③＞それぞれの機械の機械率を計算しなさい。
＜質問④＞機械別の指図書への配賦を行いなさい。

(3) 当社は製造間接費を予定配賦している。必要なデータが次のように与えられているとき，①予定配賦率，②指図書別予定配賦額，③製造間接費配賦差異を求めなさい。

(データ)
①一年間における製造間接費予算額………… 5,904,000円
②同期間における予定直接作業時間………… 2,400時間
③当月製造間接費の当月実際発生額………… 594,360円
④指図書別直接作業時間：
　　＃201　42時間，　＃202　66時間，　＃203　25時間，
　　＃204　48時間，　＃205　14時間

(4) 次の当月の製造間接費に関するデータに基づいて，ABC（活動基準原価計算）により各製品に製造間接費を配分しなさい。

データ：
①当月の製造間接費：
　　段取費　　　178,800円（生産回数）
　　機械費　　1,764,000円（機械時間）
　　マテハン費　230,450円（受入回数）

技術費　　　519,000 円（生産回数）
　　（注）（　）はアクティビティ・ドライバーである。
②アクティビティ・ドライバー実際値

	X 製品	Y 製品	Z 製品	合　　計
生産量	40,000	35,000	12,000	
機械時間	80,000	70,000	18,000	168,000 時間
生産回数	4	6	20	30 回
受入回数	12	18	80	110 回

第8章 個別原価計算

> **ポイント**
>
> 1. 個別原価計算の特徴
>   個別原価計算の主な特徴は次の点である。
>   - 特定製造指図書（番号）別に原価を集計すること。
>   - 月末仕掛品原価は月末までに完成しなかった指図書に集計されてきた製造原価で計算する。
> 2. 特定製造指図書
>   個別原価計算において原価集計上重要な役割を持っている。
> 3. 原価元帳
>   指図書別の製造原価を記録する帳簿が原価元帳である。原価元帳の指図書別製造原価を要約して示したのが個別原価計算表になる。
> 4. 仕損の処理
>   製品の製造過程で欠陥（不合格品）が発生することを仕損という。その仕損が正常であれば製品の原価に含める。異常な場合には非原価項目とする。
> 5. 作業屑の処理
>   製造過程で生じた材料の使い残りを作業屑という。作業屑の評価額は直接材料費などから控除される。

1. 個別原価計算の特徴

　第3章ですでに述べたように，個別原価計算は特定の注文品やジョブ，プロジェクトについて個別に製造原価を計算したい場合に用いられる製品原価の計算方法である。個別受注生産に適した製品原価計算である。例えば，注文住宅

やビルの建設，オーダーメイドの洋服，タンカーなどの造船，旅客機，ジェット機などの航空機の生産に採用される。

個別原価計算の特徴をまとめてみると，次のようになる。

・製造指図書…………特定製造指図書
・原価の集計単位………特定製造指図書に指示された生産量
・基本的原価分類………直接費と間接費
・月末仕掛品原価………未完成の指図書に集計された製造原価

特に，注文製品は特定製造指図書（番号）によって識別され，原価は指図書別に集計される。したがって，原価集計の観点からは，原価計算期間は意味を持たない。さらに重要な点として，指図書別に原価を集計していけば自動的に完成品原価も月末仕掛品原価も計算されるという点である。各指図書に集計された製造原価はその全額が完成品原価か月末仕掛品原価のいずれかとなる。

2．特定製造指図書

個別原価計算において重要な役割を果たすのが**特定製造指図書**である。これは製造現場に対する製造命令書に他ならない。製造指図書には，その他継続製造指図書，補修指図書などがある。図表8－1は特定製造指図書の雛形である。

図表8－1　特定製造指図書

製　造　指　図　書	No.＿＿＿＿
平成　　年　　月　　日	
＿＿＿＿＿＿＿＿殿	製造着手日　平成　年　月　日
発行者＿＿＿＿＿＿	完成予定日　平成　年　月　日

品名・規格	製造数量	備　　　考

納入先　＿＿＿＿＿＿
引渡日　平成　　年　　月　　日
引渡場所　＿＿＿＿＿＿＿＿＿＿

3. 原価元帳

個別原価計算の結果は，図表8－2に示した**原価元帳**に記録されるが，これらの結果を要約したものが，本書でこれまでにも用いてきた個別原価計算表または指図書別原価計算表である。図表8－2には特定製造指図書＃1120の原価元帳を示している。

図表8－2　原価元帳

＃1120

直接材料費			直接労務費			直接経費		製造間接費		
日付	品名	金額	日付	部門	金額	日付	金額	日付	部門	金額
								摘要		金額
								直接材料費		
								直接労務費		
								直接経費		
								製造間接費		
								製造原価		
								完成数量		
備考			原価計算係　　　　㊞					製品単価		

原価元帳の直接材料費欄には出庫票から，直接労務費欄には作業票から，直接経費欄には各種伝票から，製造間接費欄には製造間接費配賦表や予定配賦表から転記される。右下にある欄が集計表になり，要約された個別原価計算表の金額となる。

第8章　個別原価計算　　85

【例題1】
　当社は工作機械製造業で個別原価計算を採用している。20X1年2月期において，3枚の特定製造指図書に対して加工した。それぞれの指図書の加工状況に関するデータにより，質問に答えなさい。

［データ］
①指図書#111は，1月20日に生産を着手したもので，1月31日現在に当指図書に集計された原価は280,000円であった。製造命令量は50個である。当指図書は，当月の25日に完成した。当月中に新たに集計された原価は400,000円であった。
②指図書#112は，当月の5日に着手され当月の25日に完成した。製造命令量は10個であり，当指図書に集計された原価は850,000円であった。
③指図書#113は，当月の15日に生産を着手したものであるが，当月末までに完成しなかった。製造命令量は20個である（3月10日に完成予定）。当月末までに集計された原価は310,000円であった。
（質問1）月初仕掛品原価を求めなさい。
（質問2）月末仕掛品原価を求めなさい。
（質問3）完成品原価を求めなさい。
（質問4）指図書#111について単位原価を求めなさい。

【解説と解答】
　個別原価計算の仕掛品原価の計算の特徴を強調した問題である。個別原価計算において，月末仕掛品原価は未完成品の指図書に集計された製造原価合計であることを理解しておくことが大切である。それは，特定製造指図書に指示されている生産量の一部が月末までに完成しているかどうかには関係ないということでもある。
　本問の場合には，#111と#112は当原価計算期間の2月末までに完成しているので，両指図書に集計された製造原価が完成品原価になり，#113に集計された製造原価が月末仕掛品原価になる。
　次のように図示すると分かりやすいかもしれない。

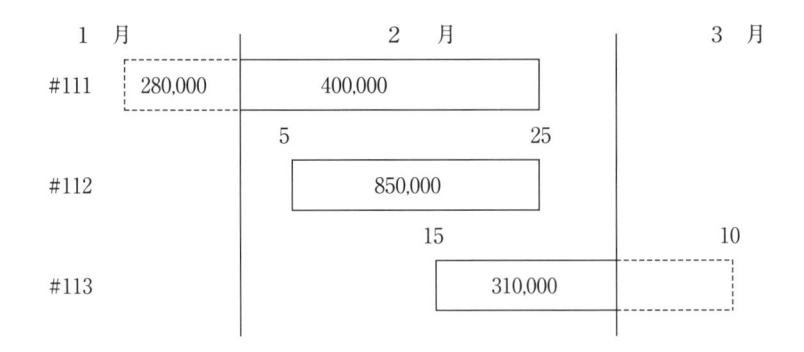

```
  1 月            2 月            3 月
#111 ┌╌╌╌╌┬────────────┐
     ╎280,000│  400,000   │
     └╌╌╌╌┴────────────┘
              5              25
#112         ┌────────────┐
             │  850,000   │
             └────────────┘
                   15            10
#113              ┌──────┬╌╌╌╌┐
                  │310,000│    ╎
                  └──────┴╌╌╌╌┘
```

また，次のような原価計算表を作成するならば，ミスを防ぐことができよう。

原価計算表

	＃111	＃112	＃113	合計
月初仕掛品原価	280,000 円	0 円	0 円	280,000 円
当月製造費用	400,000	850,000	310,000	1,560,000
計	680,000	850,000	310,000	1,840,000
月末仕掛品原価	0	0	310,000	310,000
差引：完成品原価	680,000 円	850,000 円	0 円	1,530,000 円

したがって，解答は次のようになる。

（質問1）月初仕掛品原価………… 280,000 円
（質問2）月末仕掛品原価………… 310,000 円
（質問3）完成品原価……………… 1,530,000 円
（質問4）単位原価………………… 13,600 円

4．仕損の処理

仕損（しそんじ）とは，材料の不良，機械の故障，工具の過失等によって，合格品（良品）とならなかったことを指す。実体として存在し，それが検査段階で規格に合わなかったものとして分離される。仕損から生ずる損失のことを**仕損費**という。その実体が価値を持つとき，**仕損品**となる。仕損品の評価額は，

売価の予想額を基礎にした製造原価の見積額とする。注文品である場合には，代品を製作しなければならない。

仕損費は図表8－3に示した方法で計算される。

図表8－3　仕損費の処理

補修によって回復可能	補修指図書あり		仕損費＝補修指図書集計原価
	補修指図書なし		仕損費＝補修見積額
補修により回復不能，代品製作	新指図書あり	全部仕損	仕損費＝旧指図書原価－仕損品評価額
		一部仕損	仕損費＝新指図書原価－仕損品評価額
	新指図書なし		仕損費＝見積代品製作費－仕損品評価額
軽微な仕損			仕損費＝ゼロ

次に，上のようにして計算した仕損費を原価計算上どのように処理するかが問題となる。その仕損が正常か異常かによって処理が異なる。正常なものであれば製品の原価に，異常なものであれば非原価項目として製品の原価計算には関係させない。正常な仕損の場合の処理には次の方法がある。

1 発生した指図書に賦課する（直接経費扱い）。
2 発生部門に賦課する（間接費扱い）。
3 軽微な仕損であれば，見積売却価額を発生指図書または発生部門費から控除する。

> 【例題２】
>   次の各ケースの仕損費を計算しなさい。
>   ①指図書#211が一部仕損となった。この指図書に集計されてきた製造原価は325,000円であった。そこで早速，補修指図書#R-211を発行して補修した。その原価は83,000円であった。
>   ②かねて製作していた指図書#214の全部が仕損となった場合を考えてみよう。この指図書に集計されてきた製造原価は85,000円であった。この代品製作のために#220を発行して製造したら，製造原価は99,000円であった。この仕損品の評価額は全部で25,000円であった。

【解説と解答】

　①のケースでは，一部が仕損になったので，新指図書つまり補修指図書に集計された製造原価の83,000円が仕損費である。②のケースでは，全部が仕損であったので，旧指図書の#214に集計された製造原価から仕損品の評価額を差し引いた金額60,000円（85,000円−25,000円）が仕損費となる。

5．作業屑の処理

　作業屑とは，製造作業の過程において生ずる材料の残り屑を指す。仕損品と同じく，一種の貯蔵品として処理し，のちに他の製造のために消費したり，売却処分する。例えば，機械加工業における鉄屑，家屋建築業におけるかんな屑などがそれである。作業屑を評価しその評価額を次のいずれかの方法によって処理する。

　１ 発生させた指図書の直接材料費から控除する。
　２ 発生させた指図書の製造原価から控除する。
　３ 発生部門費から控除する。
　４ 軽微なときには，売却後，雑収入（雑益）として計上し，原価計算の過程では無視する。

　実務上は，作業屑を発生させた指図書を特定できることは少ないであろうか

ら，3 の方法が一般的であろう。

【例題3】
　指図書♯224から，作業屑が発生した。その評価額は5,000円と見積もられた。作業屑を考慮しないこの指図書の集計原価は355,000円であったとする。どのように処理したらよいか。

【解説と解答】
　この場合には，♯224の集計原価から作業屑の評価額を控除した金額が♯224の製造原価となる。つまり，355,000円－5,000円＝350,000円と計算される。

――― 演習問題 ―――

（1）当社は，単純個別原価計算を採用している。次の3枚の特定製造指図書に関するデータに基づいて①月初仕掛品原価，②当月完成品原価③月末仕掛品原価を求めなさい。当原価計算期間は平成x2年1月である。

［データ］

①指図書♯111は，前月より繰り越されてきたもので（平成x1年12月5日着手），当月中には完成しなかった。完成予定日は3月5日で，製造命令量は5単位。前月に集計された製造原価は385,000円で，当月に集計された製造直接費は502,000円である。当月末まで4単位が完成している。

②指図書♯112は，当月の8日に製造を着手し，当月末までには全部が完成しなかった。完成予定日はx2年2月20日。当月に集計された製造直接費は288,000円で，製造命令量100単位のうち当月中に65単位が完成している。

③指図書♯113は，当月の10日に製造を開始したもので，製造命令量は2単位で，当月中に全て完成した。当月に集計された製造直接費は　520,000円である。

④当月中に製造間接費が524,000円発生し，当社は製造直接費を基準に各指図書に配賦している。

（2）次のデータは，当月における指図書別原価計算の結果である。これに基づいて，各問に答えなさい。

［データ］

#210 ………製造原価は135,000円である。生産量は5台であるが，1台について仕損となり，補修指図書#214を発行し，当月中に完成した。

#211 ………製造原価合計額は355,000円で，すべて当月中に完成し合格品であった。

#212 ………製造原価は222,000円で，仕掛中である。

#213 ………製造原価は505,000円である。指示された生産量は，8台であったが，このうち2台が仕損となり，代品製作のため#216を発行した。当月中に完成，引渡。仕損品の評価額は1台当たり18,000円である。

#214 ………製造原価は15,000円である。

#215 ………製造原価は620,000円である。指示された生産量は，3台であったが，すべて仕損となる。このため#117を発行し，当月中に完成した。仕損品の評価額は1台当たり88,000円である。

#216 ………製造原価は151,000円である。

#217 ………製造原価は724,000円である。

（問1）仕損がすべて正常なものであったとして，各ケースの仕損費を計算しなさい。

（問2）仕損費は発生させた指図書に賦課する方法によって処理した場合，各注文品の製造原価（完成品のみ）を計算しなさい。

第9章 部門別個別原価計算

ポイント

1. **部門別計算の目的**
   原価管理目的と正確な製品原価の計算という2つの目的がある。
2. **原価部門の設定**
   原価を集計する部門（コスト・プール）が原価部門である。これには製造部門と補助部門がある。
3. **部門別個別原価計算の概要**
   部門別原価計算は次の手順で実施される。
   ①製造間接費を原価部門に集計する（第1次集計）。
   ②補助部門費を製造部門に配分する（第2次集計）。
   ③製造部門費を指図書別に配賦する。
4. **製造間接費の原価部門への配分**
   第1次集計である。製造間接費を部門個別費と部門共通費に分け、部門共通費を適当な基準で費目グループごとに配分する。
5. **補助部門費の製造部門への配賦**
   第2次集計である。補助部門どうしの用役の授受を配分計算でどのように取り扱うかによって、直接配賦法、相互配賦法などがある。
6. **複数基準配賦法**
   補助部門費などの配分において、固定費と変動費に区分して、それぞれの実態に応じた配賦基準を用いて製造部門に配分する方法である。
7. **製造部門費の製品への配賦**
   製造部門費を指図書別または製品別に配賦する方法には、実際配賦法と予定配賦法がある。予定配賦法を採用する場合には実際発生額との差額を製造部門費配賦差異という。

1. 部門別計算の目的

　部門別計算は第2段階の原価計算手続きである。部門別計算を行わない企業もあるが，この計算を行う目的は2つある。1つは原価管理目的である。原価をその発生場所である部門（原価センター）に集計することによって，原価管理責任をどのように果たしているかを明らかにし，原価削減努力を促すことができる。

　もう1つの目的は，正確な製品原価の計算である。原価を発生させる財やサービスの消費活動は，部門を通じて正確に把握することができるからである。

2. 原価部門の設定

　原価を集計するための計算上の場所別区分を原価部門（コスト・プール）という。それは機能別（または作業種類別），責任部署別に設けられたり，計算の便宜上の区分にすぎない場合もある。

　原価部門には，**製造部門**と**補助部門**がある。図表9－1は，これらの部門の用役（サービス）と財の流れを示したものである。

　製造部門（production departments）とは，直接に製品の製造に従事する部門である。例えば，機械工業の場合，製造部門として鋳造部門，鍛造部門，機械加工部門，組立部門などがある。**補助部門**（service departments）は，製造部門の作業を支援する部門であり，自らサービスを生産する補助経営部門と工場全般の管理とスタッフ業務を遂行する工場管理部門がある。補助経営部門の例としては，動力部，修繕部，運搬部などがあり，工場管理部門の例としては，工場事務部，材料仕入部，労務部などがある。図表9－2は以上の関係をまとめたものである。

　どのような原価部門を設けるかは，部門別計算を行う目的と関係する。原価

図表9－1　用役と財の流れ

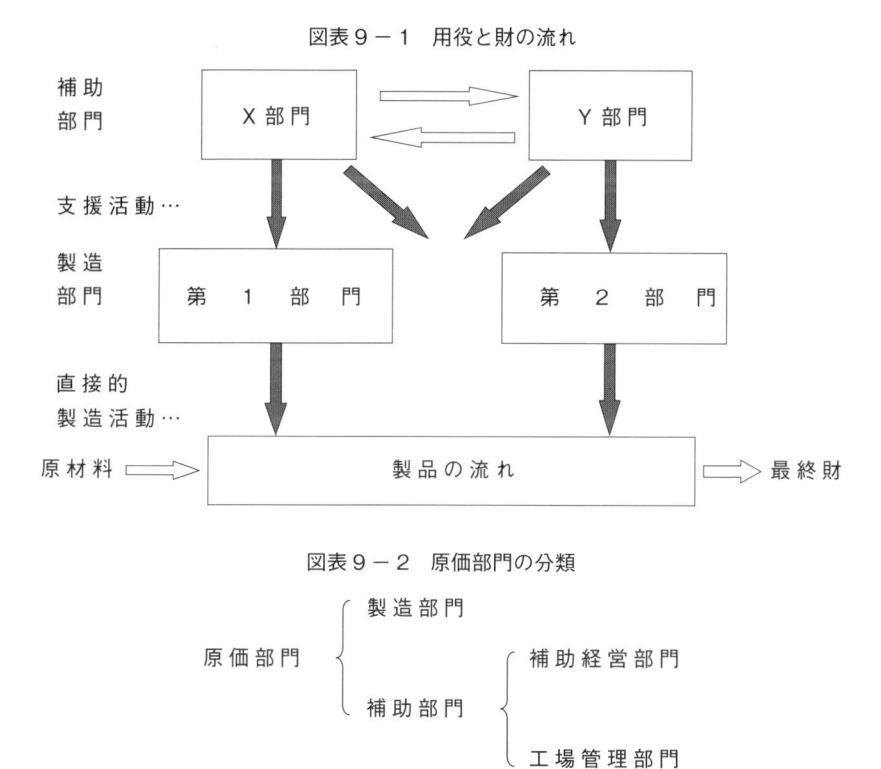

図表9－2　原価部門の分類

管理に重点を置くならば，責任区分と対応する原価部門（この場合の部門は**原価センター**となる）を設けるべきであり，正確な製品原価を重視するならば，現実に存在しない抽象的な原価部門（建物費，材料副費，一般費など）を設けて製品への配賦をし易くすることも考慮されてよい。

3. 部門別個別原価計算の概要

部門別個別原価計算の手続きを図示すると図表9－3のようになる。この手続図は正確な製品原価の計算という目的に重点を置いたものである。原価管理目的を主眼とするならば，製造間接費だけではなく製造直接費をも部門別に配

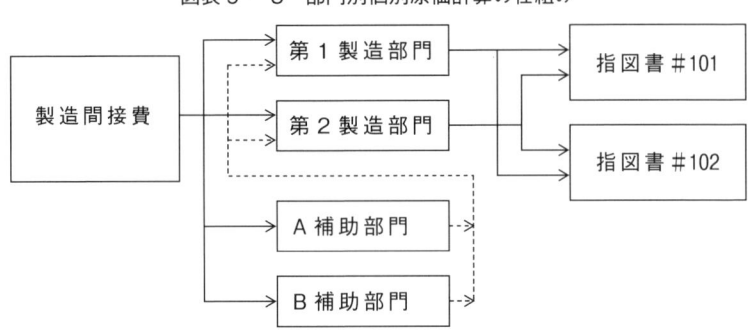

図表9－3　部門別個別原価計算の仕組み

```
                    ┌─→ 第1製造部門 ─┬─→ 指図書#101
製造間接費 ─┼─→ 第2製造部門 ─┼─→ 指図書#102
                    ├─→ A補助部門 ─┘
                    └─→ B補助部門
```

分されることになる。

　図表9－3に示されるように，部門別個別原価計算の手順は次の3段階となる。
　①製造間接費を原価部門に集計する（第1次集計）。
　②補助部門費を製造部門に配分する（第2次集計）。
　③製造部門費を指図書別に配賦する。

4．製造間接費の原価部門への配分

　まず，製造間接費を原価部門に配分する（第1次集計という）。そのさいに，各原価部門に明確に跡付けられる原価つまり**部門個別費**は当該部門に直課し，部門に明確に関連づけることのできない原価つまり**部門共通費**は適当な基準によって配賦する。その結果は製造間接費部門別配分表（例題1参照）に記録される。図表9－4は，部門共通費の配賦基準例を示したものである。

　なお，図表9－4において，建物に関わる保険料，減価償却費，固定資産税，賃借料などの建物関係のコストをまとめて建物費としている。

図表9-4 部門共通費の配賦基準例

費　目	配　賦　基　準　例
間接材料費	素材消費高または消費量
間接労務費	直接工賃金消費高，延べ作業時間数，従業員数
厚　生　費	従業員数
電力料・水道料等の測定経費	消費電力量または機械運転時間数，水道使用量
保管料・棚卸減耗費	素材消費高
建物減価償却費・保険料等の建物費	占有床面積
通　信　費	電話機台数または電話回数

【例題1】

当社は正確な製品原価を計算するために，製造間接費を部門別に集計する方法をとっている。次の当月のデータに基づき，解答欄の製造間接費部門別配分表を完成させなさい。

[データ]

(1) 部門個別費：

①間接材料費　357,000円

　　A製造部門　182,000円　　B製造部門　150,000円

　　動力部門　　25,000円　　工場事務部門　　　0円

②間接労務費　308,000円

　　A製造部門　126,000円　　B製造部門　 88,000円

　　動力部門　　52,000円　　工場事務部門　42,000円

(2) 部門共通費：

①間接労務費　84,000円（配賦基準は従業員数）

②減価償却費　42,000円（配賦基準は占有床面積）

(3) 配賦基準

①従業員数

　　A製造部門　60人　　B製造部門　40人

　　動力部門　10人　　工場事務部門　10人

②床面積

　　A製造部門　400m^2　　B製造部門　320m^2

　　動力部門　180m^2　　工場事務部門　150m^2

【解説と解答】

部門個別費は直課すればよいので説明を要しないであろう。

部門共通費のうち間接労務費は従業員を基準に配賦するから，各部門への配賦額は次のようにして計算される。

$$A製造部門への配賦額 = 84,000円 \times \frac{60人}{60人 + 40人 + 10人 + 10人}$$

$$B製造部門への配賦額 = 84,000円 \times \frac{40人}{60人 + 40人 + 10人 + 10人}$$

$$動力部門への配賦額 = 84,000円 \times \frac{10人}{60人 + 40人 + 10人 + 10人}$$

$$工場事務部門への配賦額 = 84,000円 \times \frac{10人}{60人 + 40人 + 10人 + 10人}$$

同様に，減価償却費も占有床面積を基準にして配賦し，部門個別費と部門共通費の配賦額を合計すれば，各部門費が算定される。これらの結果を表にすると次のようになる。

製造間接費部門別配分表　　　　　（単位：円）

摘　　要	金　額	製造部門 A部門	製造部門 B部門	補助部門 動力部門	補助部門 事務部門
部門個別費：					
間接材料費	357,000	182,000	150,000	25,000	0
間接労務費	308,000	126,000	88,000	52,000	42,000
部門共通費：					
間接労務費	84,000	42,000	28,000	7,000	7,000
減価償却費	42,000	16,000	12,800	7,200	6,000
水道光熱費	32,000	8,000	6,700	12,800	4,500
その他経費	26,000	14,000	8,000	2,000	2,000
部門費合計	849,000	388,000	293,500	106,000	61,500

5. 補助部門費の製造部門への配分

　補助部門は製造部門に用役を提供しているので，用役の流れの実態を原価計算に反映させるために補助部門費を製造部門に配賦する必要がある。これにはいくつかの方法がある。

　図表9－1に示したように，通常，補助部門どうしでも用役の授受がある。この事実をその配賦計算にどのように反映させたらよいのかが問題となる。これには次のような方法がある。

　1　直接配賦法
　2　相互配賦法
　3　階梯式配賦法

　直接配賦法は，図表9－5に示したように補助部門間の用役の授受の事実を全く無視して，直接に製造部門へ配賦する方法である。もっとも簡単な方法であるが，正確性には欠ける。

図表9－5　直接配賦法

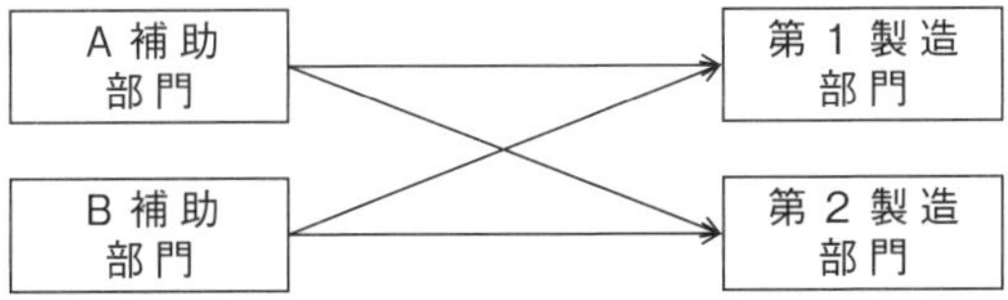

```
┌─────────┐           ┌─────────┐
│ A 補 助  │──────────→│ 第 1 製造 │
│   部 門  │ ＼    ／  │    部 門  │
└─────────┘   ＼／    └─────────┘
              ／＼
┌─────────┐ ／    ＼  ┌─────────┐
│ B 補 助  │──────────→│ 第 2 製造 │
│   部 門  │           │    部 門  │
└─────────┘           └─────────┘
```

　相互配賦法は，補助部門間の用役の授受を配賦計算に反映する方法であるが，どの程度反映させるかによって，**簡便法としての相互配賦法**と厳密法としての相互配賦法がある。簡便法は『要綱』の相互配賦法とも呼ばれ，第1回目の配賦では厳密に計算するが，第2回目の配賦では直接配賦法を採用する。したがって，直接配賦法を加味した相互配賦法と言える（図表9－6を参照）。厳密法は，補助部門間の用役授受の事実を完全に反映させていく方法で，補助部

門費がゼロになるまで何回も配賦計算を繰り返す連続配賦法，この計算を方程式によって行う連立方程式法などがある。

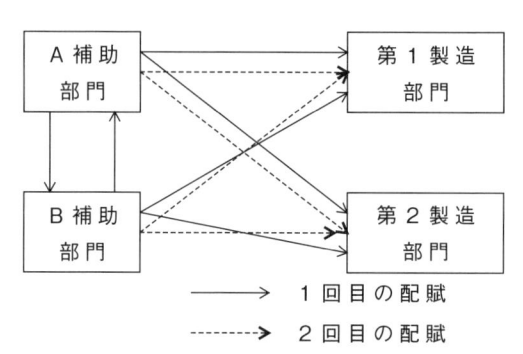

図表9－6　簡便法としての相互配賦法

──→　1回目の配賦
------→　2回目の配賦

　階梯式配賦法は，直接配賦法と相互配賦法の中間に位置するもので，補助部門間の用役の授受を部分的に配賦計算に反映させる方法である。つまり，補助部門費のうち最も多くの用役提供先をもつ部門を第1順位とし，これをまず製造部門と他の補助部門に用役提供割合に応じて配賦する。同一順位の時には補助部門費の大きさなどによって決定する。ただし，実際に用役を提供していても，既に他の補助部門から配賦されていれば，その事実は無視される（図表9－7を参照；A補助部門を第1順位とした場合）。

図表9－7　階梯式配賦法

補助部門費の製造部門への配賦計算結果を示した表は**部門費振替表**（例題2参照）と呼ばれる。

補助部門費の配賦基準例をあげると図表9－8のようになる。

図表9－8　補助部門費の配賦基準例

補助部門費	配賦基準例
動力部門費	機械馬力数×運転時間数
修繕部門費	修繕回数，修繕時間，修繕高
運搬部門費	運搬回数，運搬重量×運搬距離
工場事務部門費	従業員数
材料仕入部門費	出庫回数，出庫数量，消費高
労務部門費	従業員数

なお，必要がある場合には，一部の補助部門費を製造部門へ配賦しないで直接，製品に配賦することもできる。

また，補助部門の配賦を予定配賦率を用いて行うこともできる。これは，製造間接費の予定配賦と同じ理由のほかに，補助部門の浪費や不能率が製造部門に振り替えられて，製造部門の業績を的確に測定することができなくなるなどの理由もある。補助部門費の予定配賦額と実際発生額との差額は**補助部門費配賦差異**として処理される。

【例題2】

次のデータに基づいて（1）直接配賦法，（2）階梯式配賦法，および（3）相互配賦法（簡便法）により部門費振替表を完成させなさい。なお，計算上生ずる端数は円未満四捨五入すること。

［データ］
1. 製造間接費の各原価部門への配賦は次の通りである。
　　A製造部門　388,000円，B製造部門　293,500円
　　動力部門費　106,000円，工場事務部門　61,500円
2. 補助部門費を製造部門に配賦するための基準
　　①動力部門費（馬力数×運転時間数）
　　　A製造部門　100馬力×200時間，B製造部門　150馬力×200時間
　　　工場事務部門　20馬力×125時間
　　②工場事務部門費（従業員数）
　　　A製造部門　60人，B製造部門　40人，動力部門　10人

【解説と解答】

データを見ると，補助部門は動力部門と工場事務部門の2つである。補助部門どうしは用役の授受があることもわかる。

直接配賦法では，この補助部門どうしの用役の授受の事実を無視して，直接に製造部門へ配賦する。その配賦額の計算は次のようになる。

動力部門費の配賦：

$$\text{A製造部門への配賦額} = 106{,}000\text{円} \times \frac{100\text{馬力} \times 200\text{時間}}{100\text{馬力} \times 200\text{時間} + 150\text{馬力} \times 200\text{時間}}$$

$$\text{B製造部門への配賦額} = 106{,}000\text{円} \times \frac{150\text{馬力} \times 200\text{時間}}{100\text{馬力} \times 200\text{時間} + 150\text{馬力} \times 200\text{時間}}$$

工場事務部門費の配賦：

$$\text{A製造部門への配賦額} = 61{,}500\text{円} \times \frac{60\text{人}}{60\text{人} + 40\text{人}}$$

$$\text{B製造部門への配賦額} = 61{,}500\text{円} \times \frac{40\text{人}}{60\text{人} + 40\text{人}}$$

階梯式配賦法では，補助部門費の配賦順位が問題になるが，本問の場合，補助部

門の用役提供先が同じであるから，補助部門費の多い動力部門を第1順位とする。

相互配賦法は簡便法によるから，第1回目の配賦は補助部門どうしにも配賦する。第2回目には直接配賦法によって行い，補助部門にはもはや配賦しない。（具体的な計算の方法は省略する）

以上により，次のように解答される。

(1) 直接配賦法

部 門 費 振 替 表

摘 要	金 額	製造部門 A部門	製造部門 B部門	補助部門 動力部門	補助部門 事務部門
部 門 費	849,000 円	388,000 円	293,500 円	106,000 円	61,500 円
動力部門費		42,400	63,600		
事務部門費		36,900	24,600		
製造部門費	849,000 円	467,300 円	381,700 円		

(2) 階梯式配賦法

部 門 費 振 替 表

摘 要	金 額	製造部門 A部門	製造部門 B部門	補助部門 事務部門	補助部門 動力部門
部 門 費	849,000 円	388,000 円	293,500 円	61,500 円	106,000 円
動力部門費		40,381	60,571	5,048	
事務部門費		39,929	26,619	66,548 円	
製造部門費	849,000 円	468,310 円	380,690 円		

(3) 相互配賦法（簡便法）

部 門 費 振 替 表

摘 要	金 額	製 造 部 門		補 助 部 門	
		A 部門	B 部門	動力部門	事務部門
部 門 費	849,000 円	388,000 円	293,500 円	106,000 円	61,500 円
第1回配賦：					
動力部門費		40,381	60,571	—	5,048
事務部門費		33,545	22,364	5,591	—
小　計				5,591 円	5,048 円
第2回配賦：					
動力部門費		2,236	3,355		
事務部門費		3,029	2,019		
製造部門費	849,000 円	467,191 円	381,809 円		

6. 複数基準配賦法

　補助部門は既に見たように，製造部門の活動をバックアップするために存在している。しかし，補助部門費の中には特定の製造部門のために予定しているキャパシティ（設備や人的能力のこと）を準備・維持するコスト（固定費）と，実際のサービス提供量に応じて増減するコスト（変動費）とが混在している。

　そこで，補助部門費のうち，固定費は各製造部門への予定用役準備量に応じて配賦し，変動費は実際の用役提供量に応じて配賦することが理論的といえる。このような配賦方法を**複数基準配賦法**という。

7. 製造部門費の製品への配賦

　各製造部門費を製品別（指図書別）に配賦する方法は，製造間接費の配賦方法と全く同様である。ただ，製造部門費ごとにその生産の実態に合わせ異なっ

た配賦基準をとることができる。

製造部門費の配賦を予定配賦法によって行った場合の実際発生額との差額は，**製造部門費配賦差異**として処理する。

図表9－9は，第1製造部門費の予定配賦の仕組みを描いたものである。ただし，実際額＞予定配賦額とする。

図表9－9 製造部門配賦差異の算定図

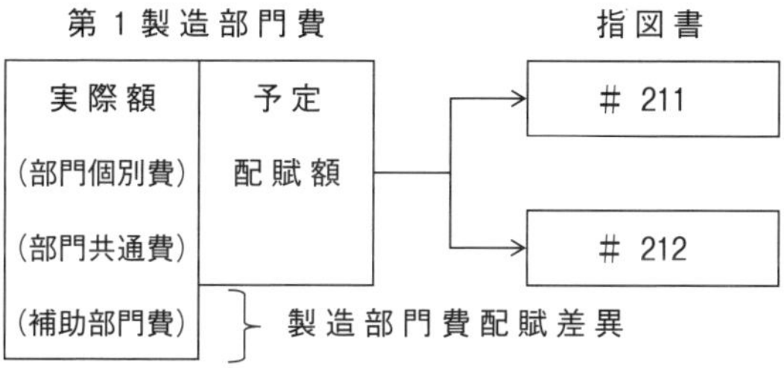

```
第1製造部門費                      指図書
┌─────────┬─────┐         ┌──────────┐
│  実際額   │ 予 定│────→│  ＃211    │
│(部門個別費)│ 配賦額│         └──────────┘
│(部門共通費)│      │         ┌──────────┐
│(補助部門費)│      │────→│  ＃212    │
└─────────┴─────┘         └──────────┘
        └─ 製造部門費配賦差異
```

【例題3】

当社は製造部門費を指図書に予定配賦している。次の第2製造部門のデータにもとづき各問に答えなさい。

〔データ〕

①第2製造部門費は直接作業時間によって指図書別に配賦しており，その予定配賦率は1,880円（時間当たり）である。

②当月の各指図書の直接作業時間は次の通りであった。

　　＃211……225時間　　＃212……125時間

③当月に第2製造部門に集計された製造部門費の実際額は662,200円であった。

（問1）各指図書への第2製造部門費の配賦額を求めなさい。

（問2）第2製造部門の製造部門費配賦差異を求めなさい。

【解説と解答】

問1の指図書への予定配賦額は次のようになる。

　　＃120への配賦額　225時間×1,880円＝423,000円

#121への配賦額　125時間×1,880円＝235,000円
合計　　　　　　　　　　　　　658,000円

問2の製造間接費配賦差異は問1で算定された予定配賦額と実際発生額との差額であり，次のように算定される。

実際発生額662,200円－予定配賦額658,000円＝4,200円（配賦不足）

なお，実際発生額は第1次集計と第2次集計後の製造部門費であるが，ここでは結果のみが示されている。

演習問題

（1）次の当月のデータに基づき，製造間接費を部門別に配賦して各部門費を計算しなさい。

［データ］

①製造間接費の実際発生額…………1,908,500円

②部門個別費：

費目	第1製造部門	第2製造部門	動力部門	修繕部門	事務部門
間接材料費	223,000円	195,000円	25,890円	38,200円	8,530円
間接労務費	180,500円	45,000円	68,400円	65,680円	58,300円

③部門共通費：

電力料　　226,000円
建物費　　690,000円
通信費　　 84,000円

（注）建物費は建物減価償却費，建物保険料，賃借料などを含めた建物関係費用のことである。

④部門共通費の配賦基準

配賦基準	第1製造部門	第2製造部門	動力部門	修繕部門	事務部門
電力消費量	1,500kwh	2,500kwh	800kwh	100kwh	100kwh
占有床面積	5,000m^2	6,000m^2	500m^2	400m^2	100m^2
電話回数	80回	75回	10回	15回	20回

（2）当社は部門別個別原価計算を採用している。第1製造部門と第2製造部門を設けて注文製品を製造している。この製造部門をバックアップするために動力部門と事務部門の補助部門をもっている。当月の製造間接費の実際発生額を部門別に集

計した結果は次の通りであった。

第1製造部門　885,200円　　第2製造部門　728,400円

動力部門　　246,000円　　事務部門　　54,400円

次のデータにもとづき①直接配賦法②相互配賦法（簡便法）によってこの補助部門費を製造部門に配賦し，部門費振替表を作成しなさい。なお，計算上生ずる端数は円未満四捨五入しなさい。

［データ］

ⅰ．配賦基準は，動力部門費が馬力時間数，事務部門費が従業員数による。

ⅱ．配賦基準数値は次の通りである。

	第1製造部門	第2製造部門	動力部門	事務部門
馬力時間数	115,000	85,000	—	5,000
従業員数	50	30	5	—

（3）次の製造間接費に関する当月のデータにより，質問に答えなさい。

［データ］

ⅰ．当社は個別原価計算を採用し製造間接費を部門別に予定配賦している。その予定配賦率と配賦基準及び当月の指図書別の実際配賦基準数値は次の通りである。

①予定配賦率と配賦基準

第1製造部門……………2,950円（直接作業時間）

第2製造部門……………15,900円（機械運転時間）

②指図書別の実際配賦基準数値（単位：時間）

	＃201	＃202	＃203	＃204	合計
第1製造部門	320	150	260	80	810
第2製造部門	52	40	15	20	127

ⅱ．製造間接費の実際発生額に関するデータは次の通りである。

①部門別に集計した結果

第1製造部門　1,838,600円，第2製造部門　1,925,500円

甲補助部門　187,000円，乙補助部門　57,200円

②補助部門費の配賦基準数値：

甲補助部門費は馬力時間数，乙補助部門費は従業員数による。

	第1製造部門	第2製造部門	甲補助部門	乙補助部門
甲補助部門費	12,000	8,000	—	2,000
乙補助部門費	65	35	10	—

③直接配賦法によって補助部門費を配賦する。

（質問1）指図書別の予定配賦額を計算しなさい。

（質問2）部門費振替表を作成しなさい。

（質問3）製造部門費配賦差異を求めなさい。

(4) 当社は，部門別個別原価計算を採用している。第1部門と第2部門の2つの製造部門と，製造部門をバックアップするXとYの2つの補助部門を持っている。次の当月のデータに基づいて，質問に答えなさい。

[データ]

①月初仕掛品として＃1011がある。その集計された製造原価は124,500円であった。

②当月の材料費は，＃1011が88,000円，＃1012が56,600円，＃1013が35,200円で，間接費は112,600円であった。

③当月の労務費は，＃1011が45,000円，＃1012が63,400円，＃1013が21,500円で，間接費は78,300円であった。

④当月の経費は162,100円で全額間接費であった。

⑤製造間接費を部門別に把握すると，特定の部門に集計できるものは，第1部門が58,800円，第2部門が66,900円，X部門が24,100円，Y部門が21,600円であり，残りは部門共通費であった。

⑥部門共通費を各部門が占有する床面積を基準として配賦することにした。必要なデータは次の通りである。

第1部門 850m^2，第2部門 1,120m^2，X部門 150m^2，Y部門 180m^2

⑦補助部門費を直接配賦法によって製造部門に配賦する。配賦基準と配賦数値は次の通りである。

　　X部門費の配賦基準————馬力数

　　X部門費の配賦数値———第1部門　240馬力　第2部門　180馬力

　　　　　　　　　　　　　　Y部門　10馬力

　　Y部門費の配賦基準————従業員数

　　Y部門費の配賦数値———第1部門　85人　第2部門　65人

　　　　　　　　　　　　　　X部門　10人

⑧製造部門費の指図書への配賦基準は次の通りである。
　　第1部門費の配賦基準――――――直接労務費
　　第2部門費の配賦基準――――――直接材料費
⑨当月末までに＃1011と＃1013が完成したが，＃1012は完成しなかった。
(質問)
1. 部門共通費の配賦額を計算しなさい。
2. 補助部門費の製造部門への配賦額を計算しなさい。
3. 製造部門費の指図書別配賦額を計算しなさい。
4. 各指図書別製造原価を計算しなさい。
5. 当月完成品原価を求めなさい。
6. 月末仕掛品原価を求めなさい。

第10章 総合原価計算（1）

> **ポイント**
>
> 1. 総合原価計算とは
>
>   総合原価計算の特徴は，製造原価を原価計算期間の生産量に関連させ，完成品と月末仕掛品に原料費と加工費とに分けて配分計算することである。
>
> 2. 仕掛品の評価
>
>   仕掛品の評価（月末仕掛品原価の計算）では，原料の投入時点の関係から原料費と加工費の配分計算を行う。原料の投入が製造の始点ですべて投入される場合には，原料費の配分は月末仕掛品1単位と完成品1単位とは同じ金額が配分される。加工費については月末仕掛品を完成品に換算して配分される。月末仕掛品の完成品換算量の計算は次のようになる。
>
>   完成品換算量＝月末仕掛品数量×加工進捗度
>
>   月初仕掛品が存在するときには，平均法，先入先出法によって原価配分を行う。

1. 総合原価計算とは

　標準製品を大量に連続的に生産するメーカーで採用される製品原価の計算方法が総合原価計算である。例えば，製粉業，自動車製造業，製菓業，製薬業，おもちゃ製造業などで採用される。
　第3章でも触れたように，とくに個別原価計算と異なるのは月末仕掛品原価（棚卸高）の計算においてである。個別原価計算の場合には，月末仕掛品原価は

指図書に指示された生産量がすべて完成しなかったときにその指図書に集計された製造原価で計算されるが，総合原価計算では月末仕掛品に製造原価を配分することによって計算される。

総合原価計算の特徴をまとめると次のようになる。
・製造指図書……………継続製造指図書
・原価の集計単位………特定製品（種類）の原価計算期間の生産量
・基本的原価分類………原料費（または直接材料費）と加工費
・月末仕掛品原価………月末仕掛品に配分された製造原価

総合原価計算には，単純総合原価計算，組別総合原価計算，等級別総合原価計算がある。単純総合原価計算は，単一の製品を大量に生産する場合，組別総合原価計算は複数の異なる製品を大量に生産する場合，等級別総合原価計算は複数の同種の製品（等級製品）を大量に生産する場合に適用される。

2. 仕掛品の評価

（1）月初仕掛品が存在しない場合

下図にあるように，月末仕掛品原価の計算はインプットの月初仕掛品原価と当月製造費用をアウトプットの完成品と月末仕掛品に配分することにほかならない。

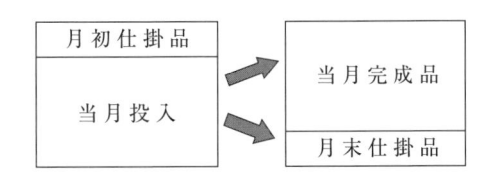

月初仕掛品	当月完成品
当月投入	月末仕掛品

前節で総合原価計算における基本的な原価分類は，原料費（または直接材料費）と加工費（直接材料費以外の製造原価）であることを示した。この分類は完成品と月末仕掛品とに原価を配分するときに重要な意味を持っている。原料費と加

工費は図表10－1に示すように，原価の発生の仕方が異なっている。原料費は加工の進行度合い（**加工進捗度**という）にかかわらず同じ金額が発生している。これは，完成品1個と仕掛品1個の原料費は同じであることを意味している。これに対して，加工費は加工進捗度に応じて発生している。このことは，例えば仕掛品の加工進捗度が50％であれば，完成品1個が負担する金額の50％しか仕掛品1個の加工費が発生していないことを意味する。

　ここで加工進捗度とは，製造日程や設計図から見た仕上がり度合いのことではなく，完成までにかかる加工費のうちどれくらいが仕掛品に含まれているかを示したものである。

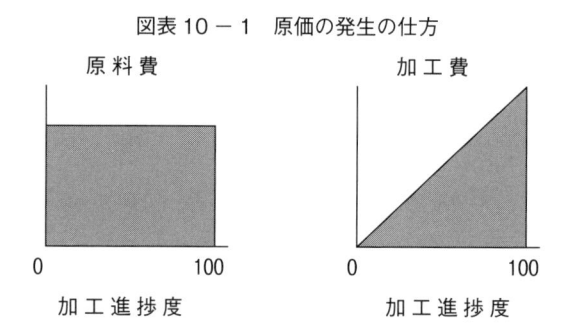

図表10－1　原価の発生の仕方

【例題1】

　ある月のデータが次のようであったとする。このデータに基づき完成品原価と月末仕掛品原価を計算しなさい。

　①月初仕掛品はなかった。

　②当月の生産量……… 2,800個

　③当月の製造原価は次の通りであった。

　　　原料費　882,000円，加工費　302,560円

　④当月完成品数量は2,200個であった。

　⑤月末仕掛品数量は600個（加工進捗度　40％）であった。

【解説と解答】

　当月原料費は完成品と月末仕掛品にそれぞれ2,200個と600個の比で配分すればよい。ところが，当月加工費を配分するには原料費を配分するときの比を用いてはならない。月末仕掛品の加工進捗度が40％となっている。これは，月末仕掛品1個について完成品1個が加工費を負担するコストの40％しか掛けていないという意味である。したがって，600個×40％＝240個分のコスト負担でよい。つまり，240個は完成品と同等のコスト負担が可能である。これを**完成品換算量**という。

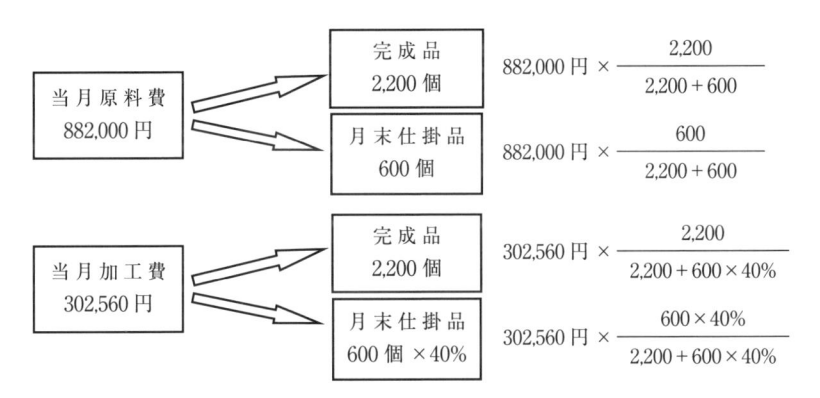

$$882,000 円 \times \frac{2,200}{2,200 + 600}$$

$$882,000 円 \times \frac{600}{2,200 + 600}$$

$$302,560 円 \times \frac{2,200}{2,200 + 600 \times 40\%}$$

$$302,560 円 \times \frac{600 \times 40\%}{2,200 + 600 \times 40\%}$$

　以上により，次のような計算結果を得る。

	完成品（原価）	月末仕掛品（原価）
当月原料費	693,000 円	189,000 円
当月加工費	272,800	29,760
合　計	965,800 円	218,760 円

　完成品単位原価　　965,800円／2,200個＝439円

　しかし，上記のような計算結果となるには，「原料は製造始点ですべて投入される」という条件が必要である。原料が製造着手時にすべて投入されるから，完成品1個と月末仕掛品1個は同じ原料費が掛かっているのである。製造始点以外にも，種々の製造段階や加工の進行度合いに応じて投入される場合もある。例えば，ビールや清涼飲料水の缶詰や瓶詰めは製造の終点で投入される。図表10－2は代表的な原料投入時点における完成品と月末仕掛品の原価負担割合を示したものである。

図表10－2　原料の投入時点と原価負担

原料の投入時点		原価負担割合	
		完成品	月末仕掛品
製造始点（着手時）	原料費	100%	100%
	加工費	100%	加工進捗度
加工度に応じて	原料費＆加工費	100%	加工進捗度

(2) 月初仕掛品が存在する場合

　ここまでは，月初仕掛品については考慮してこなかった。しかし，月初仕掛品が存在するのが一般的である。この場合には，月末仕掛品の計算（仕掛品の評価）は，インプットの月初仕掛品と当月投入がどのようにアウトプットの完成品と月末仕掛品になるのかという仮定を設けて行われる。これには，先入先出法，平均法，後入先出法がある。

　先入先出法（FIFO）は図表10－3のように前月から投入・加工されてきた月初仕掛品から先に完成し，月末仕掛品を構成するのは主に当月に投入・加工したものからであると仮定する。

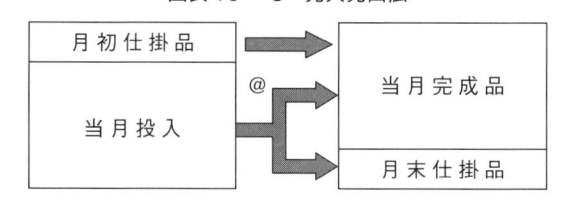

図表10－3　先入先出法

　平均法は図表10－4のように前月から投入・加工されてきた月初仕掛品と当月に投入された原料から平均的に完成するという仮定である。したがって，インプット（月初仕掛品と当月投入）の平均単価で完成品原価と月末仕掛品原価を計算する。

図表10－4　平均法

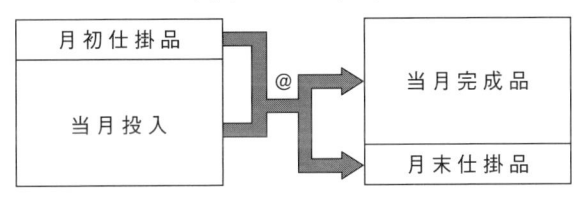

後入先出法は，当月に投入されて加工されたものから先に完成するという仮定である。次の3つのケースが考えられる。

① 月初仕掛品数量（換算量）＝月末仕掛品数量（換算量）
 $\begin{cases} 完成品原価＝当月製造費用 \\ 月末仕掛品原価＝月初仕掛品原価 \end{cases}$
② 月初仕掛品数量（換算量）＞月末仕掛品数量（換算量）

図表10－5　後入先出法①

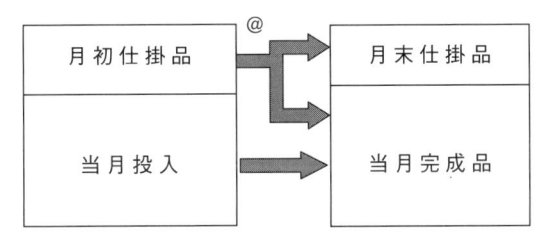

③ 月初仕掛品数量（換算量）＜月末仕掛品数量（換算量）

図表10－6　後入先出法②

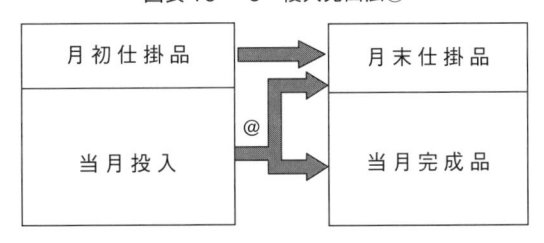

【例題2】

当月の原価・生産データが次の通りであったとき，平均法，先入先出法，後入先出法で完成品原価と月末仕掛品原価を計算しなさい。ただし，原料は製造の始点ですべて投入されるとする。

［生産データ］
①月初仕掛品数量………… 200kg（加工進捗度　40％）
②当月投入………………… 2,000kg
③月末仕掛品数量………… 400kg（加工進捗度　60％）
④当月完成品数量………… 1,800kg

［原価データ］
①月初仕掛品原価……原料費　　97,000 円，加工費　　13,520 円
②当月製造費用………原料費　1,080,000 円，加工費　431,200 円

【解説と解答】

以上のデータを平均法で図示すると次のようになる。

＜原料費の計算＞

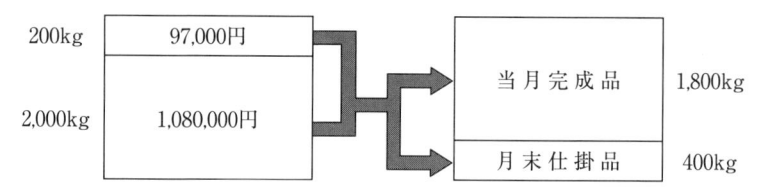

| 200kg | 97,000円 | | 当月完成品 | 1,800kg |
| 2,000kg | 1,080,000円 | | 月末仕掛品 | 400kg |

＜加工費の計算＞

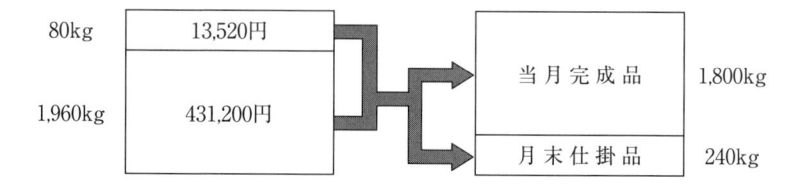

| 80kg | 13,520円 | | 当月完成品 | 1,800kg |
| 1,960kg | 431,200円 | | 月末仕掛品 | 240kg |

以上を計算すると次の結果を得る。

＜原料費の計算＞

　完成品原価　　（97,000 円 + 1,080,000 円）／（200kg + 2,000kg）× 1,800kg
　　　　　　　＝ 963,000 円

月末仕掛品原価 　　(97,000 円 + 1,080,000 円)／(200kg + 2,000kg) × 400kg
　　　　　　　　　　= 214,000 円
＜加工費の計算＞
完成品原価 　　(13,520 円 + 431,200 円)／(80kg + 1,960kg) × 1,800kg
　　　　　　　　= 392,400 円
月末仕掛品原価 　　(13,520 円 + 431,200 円)／(80kg + 1,960kg) × 240kg
　　　　　　　　　　= 52,320 円

分母の数値は必ずしもインプットの数値を用いる必要はない。アウトプットの数値（原料費の計算では1,800kg + 400kg）を用いてもよい。

したがって，
完成品原価 　　963,000 円 + 392,400 円 = 1,355,400 円
月末仕掛品原価 　　214,000 円 + 52,320 円 = 266,620 円
完成品単位原価 　　1,355,400 円／1,800kg = 753 円

次に，先入先出法で計算すると次の結果を得る。
＜原料費の計算＞
月末仕掛品原価 　　1,080,000 円／2,000kg × 400kg = 216,000 円
完成品原価 　　97,000 円 + 1,080,000 円 − 216,000 円 = 961,000 円
＜加工費の計算＞
月末仕掛品原価 　　431,200 円／1,960kg × 400kg = 52,800 円
完成品原価 　　13,520 円 + 431,200 円 − 52,800 円 = 391,920 円

したがって，
完成品原価 　　961,000 円 + 391,920 円 = 1,352,920 円
月末仕掛品原価 　　216,000 円 + 52,800 円 = 268,800 円
完成品単位原価 　　1,352,920 円／1,800kg = 751.622 円

後入先出法は結果のみを示すと次のようになる。
完成品原価 　　972,000 円 + 396,000 円 = 1,368,000 円
月末仕掛品原価 　　205,000 円 + 48,720 円 = 253,720 円
完成品単位原価 　　1,368,000 円／1,800kg = 760 円

なお，加工費を計算するときの投入量は逆算して（1,800kg + 400kg × 60% − 200kg × 40%）求めることができるが，この1,960kgという値は当月に加工した完成品相当量であり，次ページのように図示して影付きの生産量を合計しても求めることができる。

したがって，当月に加工した製品量は 120kg + 1,600kg + 240kg = 1,960kg と計算される。

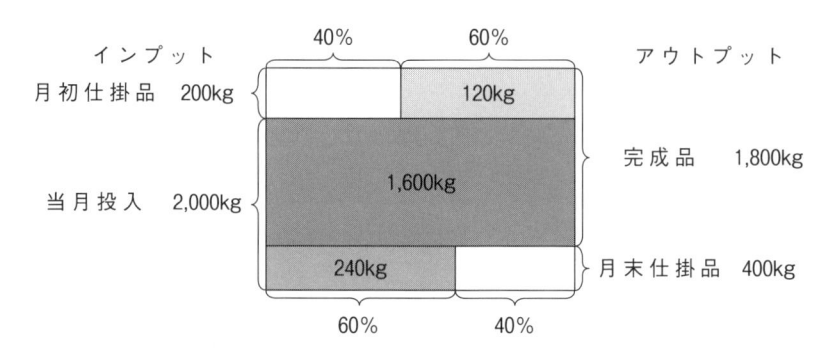

```
       インプット      40%      60%      アウトプット
    月初仕掛品  200kg          120kg
                                                   完成品  1,800kg
                          1,600kg
    当月投入  2,000kg
                          240kg                    月末仕掛品  400kg
                       60%      40%
```

なお，仕掛品が僅少の時には 0 とする方法（無評価法），毎月末に恒常的に在庫が維持されている時には，月末仕掛品原価を月初仕掛品原価とする方法などもある。

以上の結果を一覧表にまとめると次のようになる。

	先入先出法	平均法	後入先出法
完成品原価	1,352,920 円	1,355,400 円	1,368,000 円
月末仕掛品原価	268,800 円	266,620 円	253,720 円

なお，原価計算表をワークシートとして用いる方法を平均法で紹介しておく。ワークシート（作業表）は表計算ソフトが計算していくような仕方で解答する方法である。

	数量	原料費	換算量	加工費	合計
月初仕掛品	200kg	97,000 円	80kg	13,520 円	110,520 円
当月投入	2,000	1,080,000	1,960	431,200	1,511,200
		@535		@218	
計	2,200kg	1,177,000 円	2,040kg	444,720 円	1,621,720 円
月末仕掛品	400	214,000	240	52,320	266,620
差引：完成品	1,800kg	963,000 円	1,800kg	392,400 円	1,355,400 円

―――――――― 演習問題 ――――――――

（1）次の当月の原価・生産データにもとづき，平均法と先入先出法によって完成品原価と月末仕掛品原価を計算しなさい。

［生産データ］
①月初仕掛品数量………… 150個（加工進捗度　80％）
②当月投入……………… 2,250個
③月末仕掛品数量………… 200個（加工進捗度　50％）
④当月完成品数量………… 2,200個

［原価データ］
①月初仕掛品原価……原料費　18,270円，加工費　8,810円
②当月製造費用………原料費　281,250円，加工費　180,940円

［その他のデータ］
①原料は製造の始点ですべて投入される。
②計算上生ずる端数は銭位未満四捨五入とする。

（2）横浜工業は単一製品を大量に連続生産している。次の当月のデータにもとづき，平均法によって完成品原価を求めなさい。ただし，原料は加工の進行度合いに応じて投入される。

【データ】
①月初仕掛品数量……… 800個（加工進捗度　50％）
②月初仕掛品原価………原料費　100,500円，加工費　68,700円
③当月製造費用…………原料費　806,000円，加工費　548,700円
④当月完成品数量……… 3,200個
⑤月末仕掛品数量……… 500個（加工進捗度　60％）

第11章 総合原価計算（2）

> **ポイント**
>
> 1. **組別総合原価計算**
>   2種類以上の異なった製品を連続生産するときに適用される。次の手順で計算される。
>   ①組直接費は各組（製品）に賦課し，組間接費は組直接費などの基準で配賦する。
>   ②各組ごとに完成品原価と月末仕掛品原価を計算する。
>
> 2. **等級別総合原価計算**
>   重量や体積，サイズなどの異なる等級製品を連続生産するときに適用される。次の手順で計算される。
>   ①すべての等級製品を一括して完成品原価を計算する。
>   ②完成品原価を等級製品ごとに等価係数を用いて配分（案分）する。
>
> 3. **連産品の原価計算**
>   連産品は同じ材料から必然的に派生される生産物で，基本的には等級別原価計算に準じた方法で計算される。ただ，等価係数として分離点における正常市価が用いられる点で異なる。
>
> 4. **工程別総合原価計算**
>   総合原価計算における部門別計算に相当する。製品はいくつかの工程を経て完成品となるが，最初の工程から順々にすべての製造原価を累積し計算する累加法と累積せずに費目ごとに計算する非累加法がある。
>
> 5. **加工費工程別総合原価計算**
>   原料が最初の工程で全部投入されるときに，原料費は工程別に計算せず，加工費のみを工程別に計算する方法である。
>
> 6. **仕損・減損・作業屑の処理**
>   総合原価計算においても，仕損・減損を処理する場合，正常なものは良品に負担し，異常なものは非原価とする。良品に負担する方法として，

①完成品にのみ負担する方法と②完成品と月末仕掛品の両者に負担する方法がある。度外視法では，仕損・減損がなかったものとしてこの負担計算が行われる。
7. 副産物の評価と処理
　　副産物は主産物と比べて経済的に重要性の低い生産物である。その評価額を見積り，主産物の総合原価から控除する。

1. 組別総合原価計算

　組別総合原価計算は2種類以上の異なった製品を大量に連続生産する場合に適用される。ここでいう組（クラス）というのは，製品種類とか製品ラインを指している。例えば，製菓業におけるチョコレート，ガム，クッキー，キャラメルなどを指す。
　組別総合原価計算の手順を示すと次のようになる。
①組直接費を賦課する。
②組間接費の配賦を行う。
③各組ごとに平均法や先入先出法に基づいて完成品と月末仕掛品に原価を配分する。
　組間接費は，第7章で学んだ製造間接費の配賦と同じである。例えば，各組の直接材料費や組直接費などを基準に各組に配賦する。各組に配賦された組間接費は当月加工費に含めて原価配分される。
　以上の手続きを図示すると図表11－1のようになる。

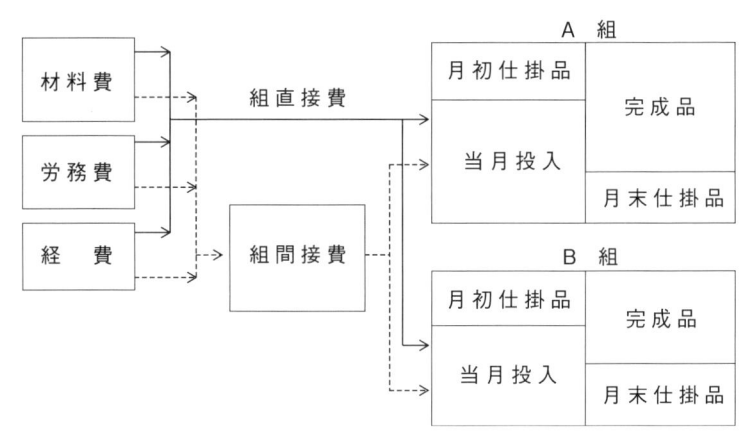

図表 11 − 1　組別総合原価計算の構造

【例題1】
　当社はA製品（A組）とB製品（B組）を大量に連続生産している。次の当月のデータに基づいて各組の完成品原価と月末仕掛品原価を計算しなさい。仕掛品の評価は平均法による。

　［データ］（　）は加工進捗度
　①月初仕掛品数量……A組　100kg（60％）　B組　400kg（80％）
　②月初仕掛品原価……A組　原料費　4,800円　加工費　4,040円
　　　　　　　　　　　B組　原料費　5,600円　加工費　34,080円
　③当月原料投入量……A組　1,900kg　　B組　2,500kg
　④当月製造費用；
　　　　組直接費…原料費　A組　98,800円　　B組　165,500円
　　　　　　　　　加工費　A組　101,200円　　B組　184,500円
　　　　組間接費…118,140円
　⑤組間接費は組直接費を基準に組別に配賦する。
　⑥完成品数量……A組　1,800kg　　B組　2,600kg
　⑦月末仕掛品数量……A組　200kg（50％）　　B組　300kg（40％）
　⑧原料は製造始点で投入される。

【解説と解答】

まず，組間接費118,140円をA組とB組に配賦する。組直接費は当月製造費用の原料費と直接加工費の合計である。

　A組の組直接費　　98,800円 + 101,200円 = 200,000円
　B組の組直接費　　165,500円 + 184,500円 = 350,000円

したがって，組間接費の配賦額は次のようになる。

　A組への配賦額　　$118{,}140\text{円} \times \dfrac{200{,}000\text{円}}{200{,}000\text{円} + 350{,}000\text{円}} = 42{,}960\text{円}$

　B組への配賦額　　$118{,}140\text{円} \times \dfrac{350{,}000\text{円}}{200{,}000\text{円} + 350{,}000\text{円}} = 75{,}180\text{円}$

組間接費は当月加工費に加算する。

A組の計算結果を示すと次のようになる。

＜原料費の計算＞

　完成品原価　　(4,800円 + 98,800円) / (100kg + 1,900kg) × 1,800kg
　　　　　　　 = 93,240円

　月末仕掛品原価　　(4,800円 + 98,800円) / (100kg + 1,900kg) × 200kg
　　　　　　　　　 = 10,360円

＜加工費の計算＞

　完成品原価　　(4,040円 + 101,200円 + 42,960円) / (1,800kg + 200kg × 50%)
　　　　　　　　× 1,800kg = 140,400円

　月末仕掛品原価　　(4,040円 + 101,200円 + 42,960円) / (1,800kg + 200kg × 50%)
　　　　　　　　　× 200kg × 50% = 7,800円

B組の計算結果を示すと次のようになる。

＜原料費の計算＞

　完成品原価　　(5,600円 + 165,500円) / (400kg + 2,500kg) × 2,600kg
　　　　　　　 = 153,400円

　月末仕掛品原価　　(5,600円 + 165,500円) / (400kg + 2,500kg) × 300kg
　　　　　　　　　 = 17,700円

＜加工費の計算＞

　完成品原価　　(34,080円 + 184,500円 + 75,180円) / (2,600kg + 300kg × 40%)
　　　　　　　　× 2,600kg = 280,800円

月末仕掛品原価　　(34,080円 + 184,500円 + 75,180円) ／ (2,600kg + 300kg × 40%)
　　　　　　　　× 300kg × 40% = 12,960 円

以上をまとめると次のようになる。

	完成品原価	月末仕掛品原価
A 組	233,640 円	18,160 円
B 組	434,200 円	30,660 円

2. 等級別総合原価計算

　等級別総合原価計算は，等級製品という同種の製品を大量に連続生産するときに適用される計算方法である。等級製品とは，生産方法は同じであるが，製品のサイズや重さ，厚さ，体積，純度などが異なる製品のことである。例えば，既製服の大きさ（S，M，L），インスタントコーヒーの重量（280g，520g），靴のサイズ（24cm，25cm，26cmなど）が等級製品の例である。

　等級製品を組別に分けて計算することもできるが，すべてを区別せずにあたかも単一製品を製造したかのように完成品原価を計算し，その後で完成品原価を等価係数を用いて各等級製品に配分する（図表11 − 2を参照）。いわば，組別

図表 11 − 2　等級別総合原価計算の構造

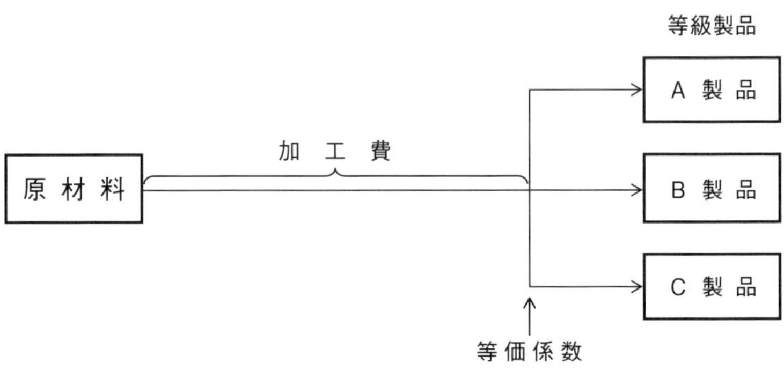

原価計算の簡便法である。各製品間に原材料費および直接労働時間数の相違に関する固定的関係が存在するから組別総合原価計算を適用する必要をみない（番場嘉一郎『原価計算論』224頁）。製品相互間の差異は，ただ厚さが異なるとか，重量が異なるのみであり，製品相互間の製造原価発生額の差異は，何らかの物量的基準の差異と合理的に関連づけることが可能である。

等級別総合原価計算の手順を示すと次のようになる。

①各等級製品に等価係数を定める。
②各等級製品の等価係数に各製品の生産量を乗じて積数を計算する。
③積数の比によって，1期間の製造費用または完成品原価を各等級製品に按分し各等級製品の製造原価ならびに単価を計算する。

その結果は，図表11－3のような等級別総合原価計算表に示される。

図表11－3　等級別総合原価計算表

等級製品	① 等価係数	② 生産量	③＝①×② 積　数	④ 配分額（案分額）	④÷② 単位原価
Ａ製品					
Ｂ製品					
Ｃ製品					
合　計			×××	××××	

等価係数とは，完成品原価を等級製品別に配分するときに用いられる製品単位当たりの原価負担割合のことである。したがって，等価係数の比は常に単位原価の比に等しい。等価係数を決定するには，エンジニアーの見積，テスト・ラン（試作）等の方法によって，原価の相違を引き起こす要素を把握することが肝要である。また等価係数は，原価要素別に設定することもできる。例えば，原料費の等価係数として，重量，長さ，面積，熱量，単位当たり標準直接材料費等が，加工費の等価係数として，単位当たり直接作業時間，工数，標準加工費等が用いられる。

【例題2】

当月に 80g のインスタント・コーヒー（A 製品）100 缶と 120g のもの（B 製品）を 80 缶生産し，総合原価 36,960 円がかかった。等級製品 A と B に重量を等価係数として総合原価を配分しなさい。

【解説と解答】

等価係数は 1 缶について 80：120 の比でコストを配分することを意味している。これに生産量を乗じた積数を算定し，積数の比で総合原価を配分する。次のような結果となる。

等級別総合原価計算表

等級製品	等価係数	生産量	積　数	配　分　額	単位原価
A 製品	80（2）	100 缶	200	16,800 円	@168 円
B 製品	120（3）	80	240	20,160	@252 円
			440	36,960 円	

【例題3】

当社はサイズの異なる L と M の 2 種類の製品を製造している。当月のデータに基づき，平均法によって等級別総合原価計算表を作成しなさい。

〔データ〕

①月初仕掛品数量……800 個（加工進捗度　50%）

②月初仕掛品原価……原料費　50,650 円，加工費　30,450 円

③当月投入量…………2,700 個

④当月製造費用………原料費　176,850 円，加工費　256,650 円

⑤当月完成品数量……3,000 個（L 製品　1,000 個，M 製品　2,000 個）

⑥月末仕掛品数量…………500 個（加工進捗度　60%）

⑦原料は製造の始点で投入される。

⑧等価係数は L 製品 1 に対して M 製品は 0.7 とする。

⑨計算上端数が生じたら，円未満四捨五入すること。

【解説と解答】

まず，単純総合原価計算によって完成品原価を計算する。

完成品原料費：$(50,650 \text{円} + 176,850 \text{円}) \times \dfrac{3,000 \text{個}}{3,000 \text{個} + 500 \text{個}} = 195,000 \text{円}$

完成品加工費：$(30,450 \text{円} + 256,650 \text{円}) \times \dfrac{500 \text{個} \times 60\%}{3,000 \text{個} + 500 \text{個} \times 60\%} = 261,000 \text{円}$

完成品原価：195,000 + 261,000 円 = 456,000 円

次に，完成品原価をL製品とM製品に等価係数を用いて配分する。
すると，次のような原価計算表を作成できる。

等級別総合原価計算表

等級製品	等価係数	生産量	積　数	配分額	単位原価
L製品	1	1,000	1,000	190,000 円	@190 円
M製品	0.7	2,000	1,400	266,000	@133 円
			2,400	456,000 円	

3. 連産品の原価計算

　同じ原料から必然的に派生する，主副を区別できない生産物を**連産品**（joint products）という。例えば，原油を精製すると，ナフサ（粗製ガソリン），パラフィン，軽油，ガソリン，重油などが産出される。また，ヤシの実からはヤシジュース，ヤシがら，ヤシ脂などの有用な生産物が産出される。
　これらの各連産品は製造過程において容易には識別できない。識別できるようになる製造段階を**分離点**といい，その段階までに発生した製造原価を**結合原価**（joint costs）という。結合原価を配分することによって連産品原価を計算する。
　原価計算の方法は，等級別総合原価計算に準ずるが，等価係数としては「分離点における正常市価」が用いられる。原価計算では売価を基準に原価を配分する方法は異例なことであるが，連産品の場合，度量衡の物理的な差異で原価

を配分することが不適当なため，経済的な価値によって配分せざるを得ないという事情がある。売価による配分は**負担能力主義**とよばれる。これは高く売れるものに多くの原価を負担するという考え方である。連産品の原価計算手順を図示したのが図表11 – 4である。

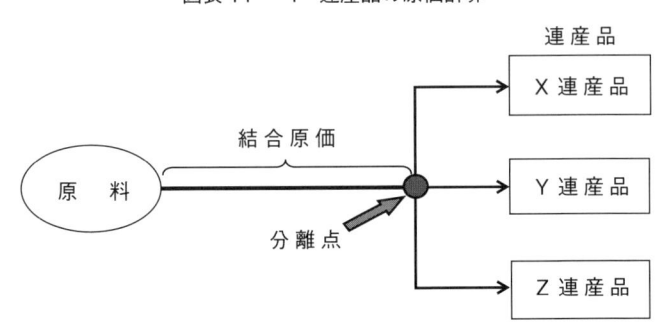

図表11 – 4　連産品の原価計算

なぜ，単に売価を等価係数としないで「分離点における正常市価」としているのか。結合原価は原料投入から分離点までの共通費であるから，分離点における等価係数が用いられる。また，売価（市価）は毎日変動するから正常市価が用いられる。

売価は販売可能製品として追加加工された後に決定されるのが普通であるから，次のようにして分離点における正常市価を算定する。

　　分離点における正常市価＝見積売却価額－見積追加加工費

結合原価が配分された後の製造原価は次のように計算される。

　　連産品製造原価＝結合原価の配分額＋分離後加工費

【例題4】

A原料を加工し，必然的にX，Y，Z製品が産出される。次の当月のデータに基づき，結合原価を3製品に配分しなさい。

データ：

①分離点までの結合原価……… 132,500円

②分離点における正常市価（1kg当たり）

　X製品……… 450円

　Y製品……… 360円

　Z製品……… 300円

③当月産出量

　X製品……… 100リットル

　Y製品……… 150リットル

　Z製品……… 200リットル

④分離点後の追加加工費

　X製品……… 2,200円

　Y製品……… 2,250円

　Z製品……… 3,000円

【解説と解答】

まず，分離点における正常市価を等価係数として結合原価を配分する。その後で，分離点後の追加加工費の実際額をその配分額に加算することによって連産品ごとの製造原価が計算される。このプロセスにしたがって総合原価計算表を作成すると次のようになる。

等級製品	(1)等価係数	(2)生産量	(1)×(2)積　数	(3)配分額	(4)追加加工費	(3)+(4)製造原価
X製品	450（15）	100	1,500	37,500円	2,200円	39,700円
Y製品	360（12）	150	1,800	45,000	2,250	47,250
Z製品	300（10）	200	2,000	50,000	3,000	53,000
合　計			5,300	132,500円		

4. 工程別総合原価計算

　部門別原価計算を行う総合原価計算を**工程別総合原価計算**という。工程（process）とは一連の製造過程を区分したもので，作業の種類や装置などによって製造工程が区分される。図表11－5にあるように工程間で半製品が生じる。**半製品**とは最終製品ではないが，販売が可能な状態の生産物である。仕掛品も半製品も中間生産物であるが，仕掛品は販売ができない点で半製品とは区別される。例えば，ケーキを作る過程で生じるスポンジケーキ，自動車製造過程でのエンジン，パソコン製造過程でのマザーボードなどである。

図表11－5　製造工程による生産

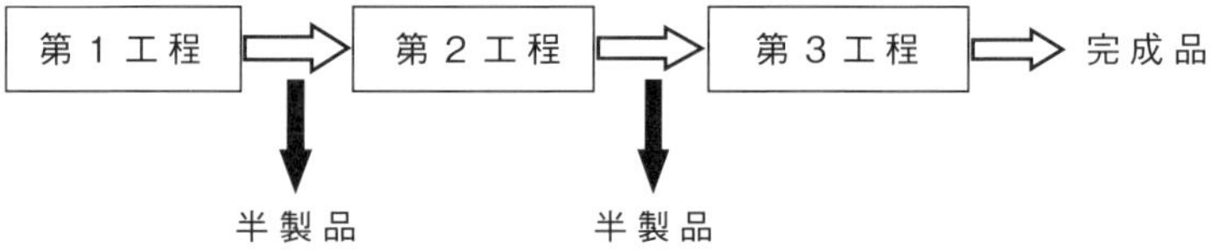

```
第1工程 ⇒ 第2工程 ⇒ 第3工程 ⇒ 完成品
           ↓          ↓
         半製品       半製品
```

　図表11－5では，製造過程は第3工程で完了する。第1工程と第2工程終了後に半製品としてそのまま貯蔵することもできるが，通常は，次の工程に振り替えられてさらに加工されることになる。

　工程別総合原価計算は部門別個別原価計算とは異なって，すべての製造原価が部門別に配分される（加工費のみを配分する方法については5節で学ぶ）。また，製品原価をモノの流れと一致させて第1工程から順々に計算して原価を累積させる方法（累加法という）と累積しない方法（非累加法という）がある。

　累加法によって工程別総合原価計算を行う場合の手順を部門別個別原価計算に倣って示せば次のようになる。ただし，第2工程が最終工程で，単品を連続的に生産しているものとする。工程共通費配賦額と補助部門費の配賦額は製造工程では，当月加工費として取り扱う。

①工程個別費を製造工程,補助部門に直課する。
②工程共通費を配賦する。
③補助部門費を製造工程に配賦する。
④第1工程の完成品原価と月末仕掛品原価を計算する。
⑤第1工程の完成品原価を第2工程に振り替える。第2工程ではこれを**前工程費**として受け入れる。
⑥第2工程の完成品原価と月末仕掛品原価を計算する。

以上を図示すると図表11-6のようになる。

図表11-6 工程別総合原価計算(累加法)の手順

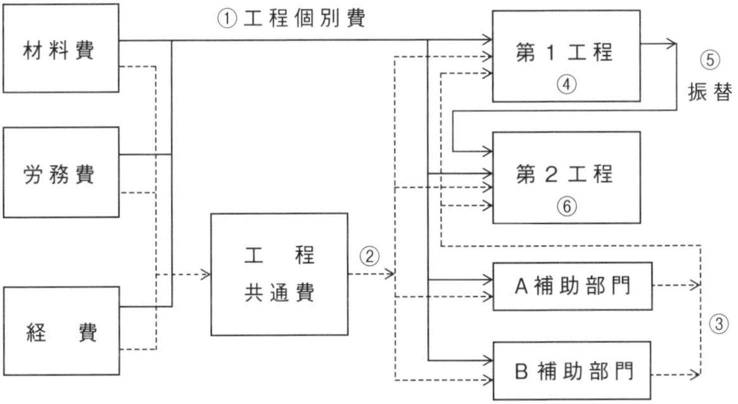

また,図表11-7は第1工程から第2工程に振り替えられる場面を詳細に示したものである。図表11-8は工程生産物が,加工段階に応じてどのように変化するのかをイメージで表したものである。ただし,原料は第1工程の製造始点で投入され,第2工程を最終工程とする。

図表11-8のイメージ図に示すように,第2工程にあるどんな加工進捗状況にある生産物も,原料費と第1工程加工費が全額投入されていることに注目できる。したがって,第2工程にある生産物については,第1工程(つまり前

図表 11 − 7　工程別総合原価計算（累加法）の構造①

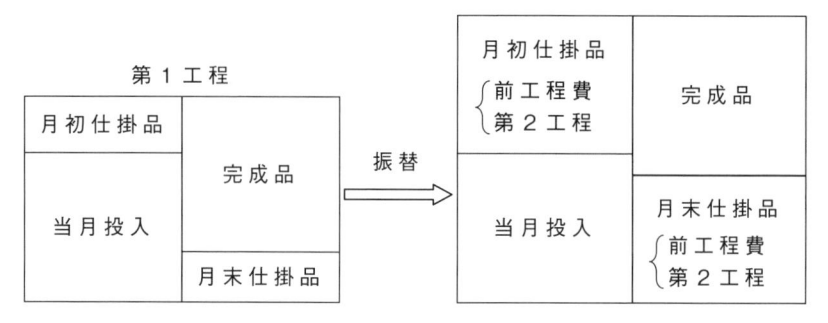

第 1 工程 ／ 第 2 工程（最終工程）

振替

図表 11 − 8　加工段階における工程生産物のイメージ図

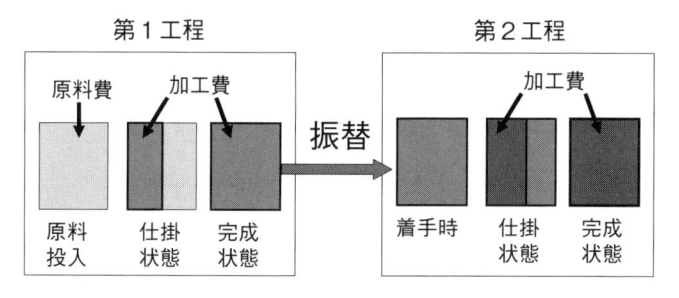

第 1 工程 ／ 第 2 工程

振替

図表 11 − 9　工程別総合原価計算（累加法）の構造②

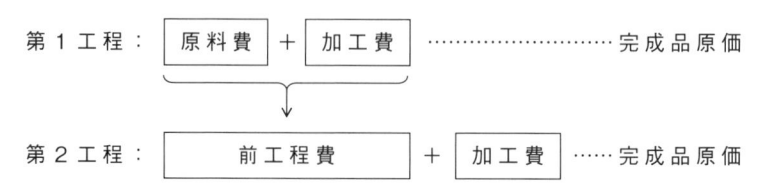

第 1 工程： 原料費 ＋ 加工費 ……………………… 完成品原価

第 2 工程： 前工程費 ＋ 加工費 …… 完成品原価

工程) から振り替えられた製造原価は，これを「前工程費」として一緒にして原価計算することができる。このことを図示したのが図表 11 − 9 である。

【例題5】

当社は,工程別総合原価計算を行っている。次の当月のデータに基づいて,累加法によって工程別原価計算を行いなさい。

①生産データ

	第1工程	第2工程
月初仕掛品	150kg(60%)	200kg(80%)
当期投入	850	800
計	1,000kg	1,000kg
月末仕掛品	200 (50%)	100 (60%)
差引:完成品	800kg	900kg

( )内は加工進捗度を表す

②原価データ

月初仕掛品原価……………第1工程(原料費) 7,930円
　　　　　　　　　　〃　　(加工費) 2,592円
　　　　　　　　　　第2工程(原料費) 10,600円
　　　　　　　　　　〃　　(第1工程加工費) 6,220円
　　　　　　　　　　〃　　(第2工程加工費) 3,254円

当月製造費用……………原　料　費　　46,070円
　　　　　　　　　　第1工程加工費　24,948円
　　　　　　　　　　第2工程加工費　19,642円

③原価配分は平均法によって行う。

④原料は第1工程の始点で投入される。

【解説と解答】

生産データを図示すると次のようになっていることが分かる。

第1工程			第2工程		
月初仕掛品(150)	完成品 (800)		月初仕掛品(200)	完成品 (900)	
当月投入 (850)		→	当月投入 (800)		
	月末仕掛品(200)			月末仕掛品(100)	

本問では，工程共通費と補助部門費の配賦は含まれていないが，これらは既に加工費に加算されていると考えられる。

第1工程の原価計算表に計算結果を示すと次のようになる。

	数　量	原料費	換算量	加工費	合　計
月初仕掛品	150kg	7,930 円	90kg	2,592 円	10,522 円
当月投入	850	46,070	810	24,948	71,018
計	1,000kg	@54 54,000 円	900kg	@30.6 27,540 円	81,540 円
月末仕掛品	200	10,800	100	3,060	13,860
差引：完成品	800kg	43,200 円	800kg	24,480 円	67,680 円

完成品単位原価　　　　　　　　　　　　　　　　　　　　　　　@84.6

第1工程の完成品はすべて次工程に振り替えられるから，第2工程では第1工程の完成品原価は第2工程の当月投入（受入）の前工程費となる。第2工程の原価計算表を示すと次のようになる。

	数　量	前工程費	換算量	加工費	合　計
月初仕掛品	200kg	16,820 円	160kg	3,254 円	20,074 円
当月投入	800	67,680	800	19,642	87,322
計	1,000kg	@84.5 84,500 円	960kg	@23.85 22,896 円	107,396 円
月末仕掛品	100	8,450	60	1,431	9,881
差引：完成品	900kg	76,050 円	900kg	21,465 円	97,515 円

完成品単位原価　　　　　　　　　　　　　　　　　　　　　　　@108.35

なお，第2工程前工程費の月初仕掛品原価は原料費10,600円と第1工程加工費6,220円の合計額であることに注意する。

非累加法は，最終工程の完成品原価を構成する原価要素，つまり原料費と第1工程加工費と第2工程加工費別に計算する方法である。実務では，累加法が絶対多数を占めているが，非累加法もアメリカの紡績会社やゴム会社では採用されていると言われている（番場『原価計算論』187頁）。

図表11－10は非累加法による計算方法を図示したものである。完成品原価を計算するには，各原価要素について計算した完成品原価を合計する必要がある。

図表11－10　工程別総合原価計算（非累加法）の構造

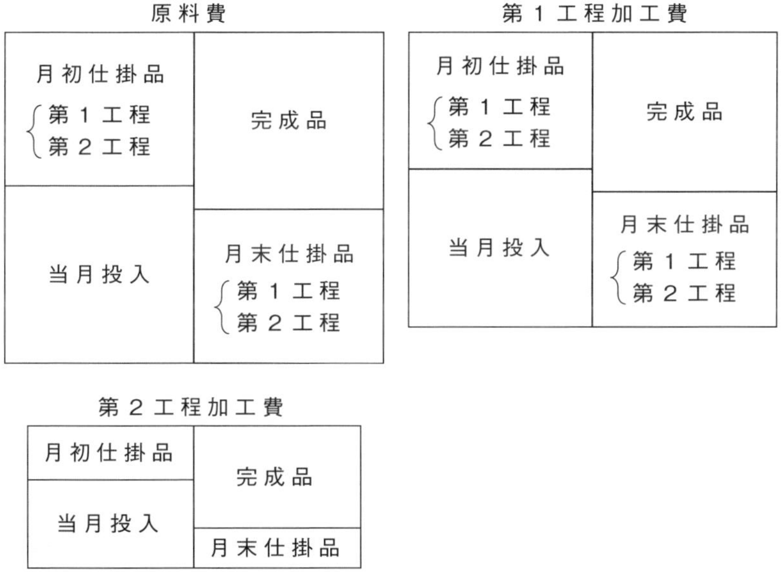

原料費

月初仕掛品 　第1工程 　第2工程	完成品
当月投入	月末仕掛品 　第1工程 　第2工程

第1工程加工費

月初仕掛品 　第1工程 　第2工程	完成品
当月投入	月末仕掛品 　第1工程 　第2工程

第2工程加工費

月初仕掛品	完成品
当月投入	月末仕掛品

【例題6】
　【例題5】のデータを用いて，非累加法によって原価計算を行いなさい。

【解説と解答】
　原価計算表を作成して解答すると次のようになる。

	数 量	原料費	数 量	第1工程 加工費	数 量	第2工程 加工費
月初仕掛品						
┌ 第1工程	150kg	7,930 円	90kg	2,592 円	— kg	— 円
└ 第2工程	200	10,600	200	6,220	160	3,254
当月投入	850	46,070	810	24,948	800	19,642
計	1,200	64,600	1,100	33,760	960	22,896
月末仕掛品						
┌ 第1工程	200	10,767	100	3,069	—	—
└ 第2工程	100	5,383	100	3,069	60	1,431
完成品	900kg	48,450 円	900	27,622 円	900kg	21,465 円

したがって，完成品原価は97,537円と計算される。この計算結果は累加法とは異なっているが，累加法と同じ結果とする方法もある。

なお，次工程に振替えられる製造原価には上記で行ったように前工程で計算された完成品原価を用いる方法以外にも，予定原価を振り替える方法がある。予定原価法は，ある工程の作業能率の良し悪しを次工程以降に影響させないようにするものであり，原価管理上すぐれている。実際原価との差額は，**振替差異**として処理する。

5. 加工費工程別総合原価計算

加工費法ともよばれている。**加工費工程別総合原価計算**は原料費だけを工程別計算からはずし，加工費のみを工程別に計算する方法である。原料がすべて第1工程で投入され，以後の工程ではこれを加工するような生産方式の企業に適用されるのが普通である。たとえば，製粉業，紡績業，製糸業などで適用される。また，原綿，原毛など価格変動の激しい原料を加工する工場，製品種類ごとに異なる原料を用いるが，単位当たりの加工費にはほとんど相違が認められない異種製品を同一工程で生産する工場でも利用される。

原料費については，全工程を一つの工程とみなし，単純総合原価計算を行う。各工程にある仕掛品は全部加算される。

加工費工程別総合原価計算の手順を図示すると，図表11－11のように示される。

図表11－11　加工費工程別総合原価計算の構造

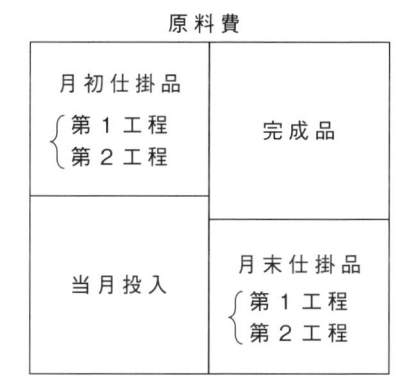

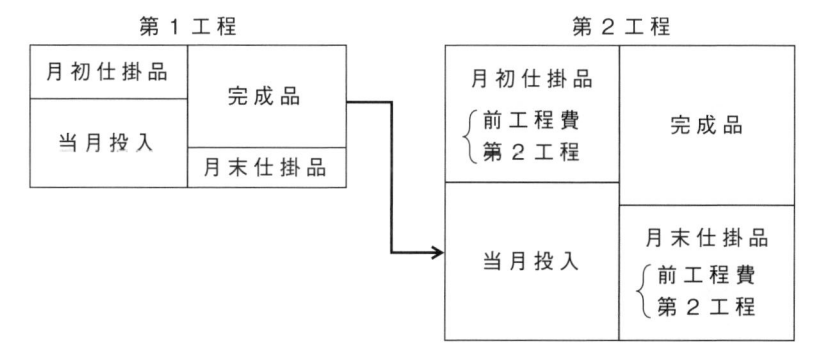

原料費

月初仕掛品 第1工程 第2工程	完成品
当月投入	月末仕掛品 第1工程 第2工程

第1工程

月初仕掛品	完成品
当月投入	月末仕掛品

第2工程

月初仕掛品 前工程費 第2工程	完成品
当月投入	月末仕掛品 前工程費 第2工程

【例題7】
　【例題5】を加工費工程別総合原価計算によって解答しなさい。

【解説と解答】
　原料のみを一括して計算し，加工費を工程別に計算すると次のようになる。

	数　量	原料費
月初仕掛品		
第1工程	150kg	7,930 円
第2工程	200	10,600
当月投入	850	46,070
計	1,200	64,600
月末仕掛品		
第1工程	200	10,767
第2工程	100	5,383
完成品	900kg	48,450 円

第1工程

	換算量	加工費
月初仕掛品	90kg	2,592 円
当月投入	810	24,948
計	900kg	27,540 円
月末仕掛品	100	3,060
完成品	800kg	24,480 円

第2工程

	数　量	前工程費	換算量	加工費	合　計
月初仕掛品	200kg	6,220 円	160kg	3,254 円	9,474 円
当月投入	800	24,480	800	19,642	44,122
計	1,000kg	30,700 円	960kg	22,896 円	53,596 円
月末仕掛品	100	3,070	60	1,431	4,501
差引：完成品	900kg	27,630 円	900kg	21,465 円	48,095 円

完成品単位原価　　　　　　　　　　　　　　　　　　　　　　　　　　　@54.55

6. 仕損・減損・作業屑の処理

　通常，原料を投入して加工しても，常に完成品と月末仕掛品の良品が産出されるわけではない。製造過程において，仕損，減損，作業屑が発生する。
　すでに個別原価計算でも解説したように，仕損とは，材料の不良，機械の故障，工具の過失等によって，合格品（良品）とならなかったことをいう。実体として存在し，それが検査段階で規格に合わなかったものとして分離される。その実体が価値をもつとき，仕損品となる。
　減損とは，製造作業中に原材料の一部が，粉散，ガス化，蒸発，燃焼などによって，消失することである。その実体は，不可視であり，無価値である。
　一般ルールとして，正常なものは製造原価に含め，計算過程に関連づけ，異

常なものは非原価項目とし，計算過程では無視する。

正常仕損は良品に負担するが，それには次の2つの処理方法がある。

①完成品のみに負担する

②完成品と月末仕掛品の両者に負担する

負担の仕方には，度外視法と非度外視法がある。**度外視法**は正常仕損費，減損費を特別に算定することなく（つまり無視して），自動的に良品に負担する。これに対して，非度外視法は正常仕損費，減損費を算定し，その後に良品に負担する方法である。ここでは，度外視法について解説する。

<平均法の場合>

①完成品のみに負担する場合

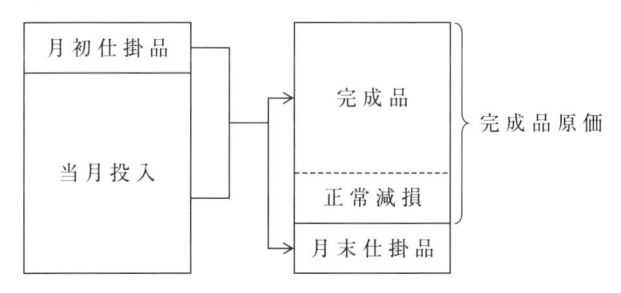

```
┌─────────┐   ┌─────────┐
│ 月初仕掛品 │──→│ 完成品  │
├─────────┤   ├─────────┤ ⎫
│         │   │ 正常減損 │ ⎬ 完成品原価
│ 当月投入 │──→├─────────┤ ⎭
│         │   │ 月末仕掛品│
└─────────┘   └─────────┘
```

②完成品と期末仕掛品の両者に負担する場合

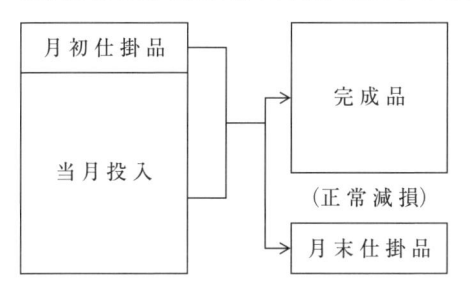

```
┌─────────┐   ┌─────────┐
│ 月初仕掛品 │──→│ 完成品  │
├─────────┤   ├─────────┤
│         │   │(正常減損)│
│ 当月投入 │──→├─────────┤
│         │   │ 月末仕掛品│
└─────────┘   └─────────┘
```

作業屑は既に定義したように，製造作業の過程において生ずる材料の残り屑を指す。作業屑が発生した場合には，その評価額を該当する製品の当月原料費から控除する。

【例題8】

当社は，単純総合原価計算を採用している。次の当月のデータに基づいて月末仕掛品原価，完成品原価および完成品単位原価を求めなさい。ただし，正常減損は度外視法によって処理する。

（データ）

1. 月初仕掛品数量………800kg（加工進捗度　80%）
2. 月初仕掛品原価………原料費　347,400 円，加工費　113,575 円
3. 当月投入量……………5,500kg
4. 当月製造費用…………原料費　2,475,000 円，加工費　1,225,125 円
5. 完成品数量……………5,800kg
6. 月末仕掛品数量………350kg（加工進捗度　60%）
7. 減損……………………　？　（加工進捗度　50%）
8. 原料はすべて製造着手時に投入される。
9. 仕掛品の評価は，平均法によって行う。

【解説と解答】

生産データのみを図示すると，正常減損は150kgと計算される。

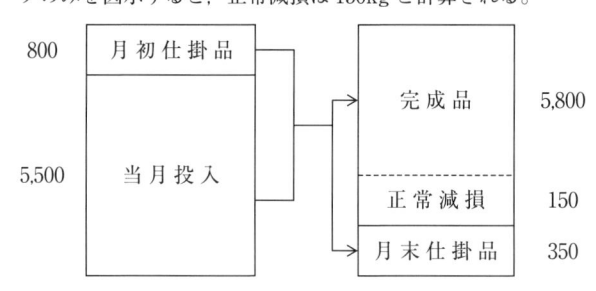

	月初仕掛品	完成品	5,800
800			
5,500	当月投入	正常減損	150
		月末仕掛品	350

正常減損を完成品のみに負担する場合には，月末仕掛品原価と完成品原価の計算は次のようになる。

月末仕掛品原価

原料費　(2,475,000 円 + 347,400 円)／(800kg + 5,500kg) × 350kg = 156,800 円

加工費　(1,225,125 円 + 113,575 円)／(5,800kg + 150kg × 50% + 350kg × 60%)
　　　　× 350kg × 60% = 46,200 円

合計　156,800 円 + 46,200 円 = 203,000 円

完成品原価

    原料費　(2,475,000 円 + 347,400 円) − 156,800 円 = 2,665,600 円

    加工費　(1,225,125 円 + 113,575 円) − 46,200 円 = 1,292,500 円

    合　計　2,665,600 円 + 1,292,500 円 = 3,958,100 円

    完成品単位原価　3,958,100 円／5,800kg = 682.431 円

次に，正常減損を完成品と月末仕掛品の両者に負担する場合には，次のようになる（円未満四捨五入する）。

月末仕掛品原価：

    原料費　(2,475,000 円 + 347,400 円)／(5,800kg + 350kg) × 350kg = 160,624 円

    加工費　(1,225,125 円 + 113,575 円)／(5,800kg + 350kg × 60%) × 350kg × 60% = 46,777 円

    合　計　160,624 円 + 46,777 円 = 207,401 円

完成品原価：

    原料費　(2,475,000 円 + 347,400 円) − 160,624 円 = 2,661,776 円

    加工費　(1,225,125 円 + 113,575 円) − 46,777 円 = 1,291,923 円

    合　計　2,661,776 円 + 1,291,923 円 = 3,953,699 円

    完成品単位原価　3,953,699 円／5,800kg = 681.672 円

7．副産物の評価と処理

　副産物は主産物を生産する過程で発生する，経済的重要性が低い生産物をいう。例えば，豆腐の製造過程から生ずる雪花菜（おから），ビール製造過程から生ずる炭酸などを指す。副産物は適切に評価して，その評価額を主産物の原価計算において考慮する。つまり，主産物の総合原価から控除する。

　副産物は，そのまま外部に売却可能であれば，見積売価から販売費・一般管理費と販売利益の見積額を差し引いて評価額とする。

【例題9】

次のデータにもとづき,平均法によって主産物の完成品原価を求めなさい。

[データ]
- [1] 月初仕掛品原価：原料費　36,000円,　加工費　11,200円
- [2] 当月製造費用：原料費　306,000円,　加工費　131,300円
- [3] 当月完成品数量　3,500個
- [4] 月末仕掛品数量　500個（加工進捗度　50％）
- [5] 完成品のうち,800個は副産物であり,終点で分離される。この副産物の見積売却価額は単位当たり150円であり,販売費・一般管理費は単位当たり30円,正常利益は単位当たり15円と見積もられた。
- [6] 原料は製造始点ですべて投入している。

【解説と解答】

副産物は製造終点で分離されるから,主産物と副産物をまとめて完成品原価を計算し,次いでその金額から副産物の評価額を控除することによって主産物の完成品原価が求められる。

以上にしたがって総合原価計算表によって解答すると次のようになる。

総合原価計算表

	数量		原料費	換算量		加工費	合計
月初仕掛品		個	36,000円		個	11,200円	47,200円
当月投入			306,000			131,300	437,300
計	4,000	個	342,000円	3,750	個	142,500円	484,500円
月末仕掛品	500		42,750	250		9,500	52,250
差引：完成品	3,500	個	299,250円	3,500	個	133,000円	432,250円
副産物	800						84,000
主産物	2,700	個					348,250円

主産物完成品単位原価　　　　　　　　　　　　　　　　　　128.98円

演習問題

（1）当社は組別総合原価計算を採用している。次の各組の当月データに基づき，A組とB組の完成品原価と月末仕掛品原価を計算しなさい。

［データ］

（　）内は加工進捗度を表わす。

① 月初仕掛品数量………… A組　280個（50%）　　B組　100個（80%）
② 月初仕掛品原価…… A組　原料費　30,840円　　加工費　33,775円
　　　　　　　　　　 B組　原料費　16,250円　　加工費　24,035円
③ 当月投入量……… A組　1,800個　　B組　950個
④ 当月製造費用：
　　　 組直接費…… ［A組］原料費　225,000円　　加工費　246,500円
　　　　　　　　　 ［B組］原料費　188,500円　　加工費　152,000円
　　　 組間接費………… 365,400円
⑤ 月末仕掛品数量………… A組　350個（80%）　　B組　80個（50%）
⑥ 完成品数量………………… A組　1,730個　　B組　970個
⑦ 原料は製造の始点で投入される。
⑧ 組間接費は，各組の組直接費を基準として配賦する。
⑨ 仕掛品の評価は平均法による。

（2）横浜コーヒー(株)は，X製品（300g）とY製品（210g）の等級製品を大量に連続生産している。次の当月のデータに基づき，等級別総合原価計算表を作成しなさい。

［生産データ］

月初仕掛品　　　150単位（加工進捗度　60%）
当月投入　　　　1,200
　計　　　　　　1,350単位
月末仕掛品　　　 200　　（加工進捗度　80%）
完成品　　　　 1,150単位（うち，X製品650個，Y製品500個）

［原価データ］

月初仕掛品：原料費　18,300円，加工費　9,320円
当月製造費用：原料費　157,200円，加工費　108,580円

［その他のデータ］
①仕掛品の評価は，平均法による。
②原料は製造の始点ですべて投入される。
③等価係数は重量を用いる。

（3）当社は同一原料を精製して3種の連産品を生産している。当月の結合原価が716,000円であったとき，次のデータに基づき結合原価を各連産品に配分し，その配分額を求めなさい。なお，これらの連産品は分離後加工した後で販売される。

〔データ〕
①生産量
　X製品　5,800リットル　　Y製品　4,500リットル　　Z製品　3,300リットル
②見積売却価額（1リットル当たり）
　X製品　100円　　Y製品　70円　　Z製品　50円
③分離後見積加工費（1リットル当たり）
　X製品　15円　　Y製品　10円　　Z製品　10円

（4）当社は単一製品を生産しており，工程別総合原価計算によって原価計算を行っている。次のデータに基づいて累加法によって完成品原価を計算しなさい。

〔データ〕
①生産データ（カッコは加工進捗度）

	第1工程	第2工程
月初仕掛品	250個（60%）	180個（50%）
当月投入	2,200	2,100
計	2,450	2,280
月末仕掛品	350（40%）	280（60%）
差引：完成品	2,100個	2,000個

②原価データ

	第1工程	第2工程
月初仕掛品原価：原料費	30,025 円	22,284 円
第1工程加工費	22,832 円	26,886 円
第2工程加工費	—	4,856 円
当月製造費用：原料費	275,000 円	—
加工費	324,368 円	137,148 円

③原料は第1工程の始点ですべて投入される。
④仕掛品の評価は平均法による。

(5) 当社は，単一製品を連続して生産している。次の当月のデータに基づいて，正常減損を①完成品のみに負担する場合と②完成品と月末仕掛品の両者に負担する場合について，完成品原価と月末仕掛品原価を求めなさい。ただし，正常減損は度外視法によって処理する。端数は円未満四捨五入すること。

〔データ〕
1. 月初仕掛品数量………… 180kg（加工進捗度　50％）
2. 月初仕掛品原価………… 原料費　16,500 円，加工費　17,206 円
3. 当月投入量…………… 2,020kg
4. 当月製造費用………… 原料費　222,200 円，加工費　394,470 円
5. 完成品数量…………… 1,920kg
6. 月末仕掛品数量……… 250kg（加工進捗度　30％）
7. 正常減損……………… 　30kg（加工進捗度　30％）
8. 原料は製造始点で投入される。
9. 仕掛品の評価は，平均法によって行う。

第12章 標準原価計算

> **ポイント**
> 1. **標準原価計算とは**
>   標準原価計算は完成品原価や期末仕掛品原価を標準原価で計算する方法である。標準原価は事前に設定され，原価目標として用いられる。つまり原価管理のために採用される。これを公表用の財務諸表としても用いることができる。
> 2. **標準原価差異の処理**
>   標準原価差異は原則として売上原価に賦課される。不利差異は売上原価に加算し有利差異は減額する。
> 3. **標準原価差異の分析**
>   標準原価差異を費目別に分析し，さらに費目別に以下のように細分する。
>   直接材料費差異……価格差異と数量差異（または消費量差異）
>   直接労務費差異……賃率差異と時間差異（または労働能率差異）
>   製造間接費差異……予算差異，能率差異，操業度差異（3分法）
>   標準原価計算における記帳法には，仕掛品勘定への記帳の仕方の違いによって，シングル・プランとパーシャル・プランなどがある。

1. 標準原価計算とは

これまで，原価数値は実際値または一部予定値を用いてきた。これらは**実際原価計算**とよばれる。例えば，材料費は次のいずれかによって計算された。

材料費＝実際消費量×実際価格　または
　　　　　＝実際消費量×予定価格

　これに対して，原価計算を標準値で計算する方法が**標準原価計算**である。

　標準原価は予定原価の一種で，科学的な手法を用いて設定され，原価管理のための原価目標として採用される。「発生すべき原価」という意味で規範的原価である。標準原価計算は製品原価の計算方法としても認められる。

　標準原価計算においては，まず製品単位当たりの標準原価（**原価標準**）を設定しておき，月末などに実際の生産量が確定したところで，原価標準に実際生産量を掛けて実績標準原価を計算する。

　次は，原価標準の内容を示したものである。

　　　直接材料費＝標準消費量×標準価格
　　　直接労務費＝標準作業時間×標準賃率
　　　製造間接費＝標準配賦基準数値×標準配賦率

　これを製品別・費目別に示したのが標準原価カード（図表12－1参照）である。

図表12－1　標準原価カード

```
         Ｘ製品の標準原価カード
直接材料費：
  Ａ材料  2kg   @300円   600円
  Ｂ材料  3kg   @100円   300円          900円
直接労務費：
  Ｘ部門  2時間  @200円   400円
  Ｙ部門  3時間  @300円   900円         1,300
製造間接費
  Ｘ部門  2時間  @150円   300円
  Ｙ部門  3時間  @120円   360円           660
         計                            2,860円
```

標準原価計算の手順を示せば，次のようになる。
1. 原価標準の設定
2. 実際生産量の把握と実績標準原価による計算と記録
3. 実際原価の把握と記帳
4. 標準原価差異の計算
5. 原価差異の会計的分析と記帳
6. 原価差異の会計的処理

標準原価計算でも，個別原価計算か総合原価計算で製品原価計算が行われる（図表12 - 2）。

図表12 - 2　標準原価計算と製品原価計算

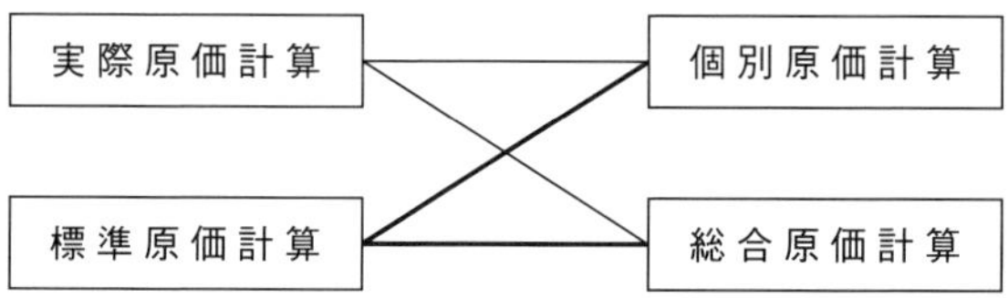

```
実際原価計算 ─┬─┬─ 個別原価計算
              ╲╱
              ╱╲
標準原価計算 ─┴─┴─ 総合原価計算
```

標準原価計算を採用しているなら，完成品原価や月末仕掛品原価の計算は次のように簡単に計算される。ただし，総合原価計算を採用していて，直接材料（原料）が製造始点で投入されるとする。

　　完成品原価＝完成品数量×原価標準
　　月末仕掛品原価＝（月末仕掛品数量×単位当たり標準直接材料費）
　　　　　　　　　＋（月末仕掛品換算量×単位当たり標準加工費）

月末に，実際額が確定したところで当月投入の標準原価と比較されて差異（**標準原価差異**）が算定される。

標準原価計算を採用する場合には，ある取引段階，例えば，材料の仕入，材料の投入，製品の完成の段階で標準原価が適用されることになるので，その前段階までは実際原価による計算が行われることになる点に留意されたい。標準

原価計算は，原価管理や製品原価の計算以外にも，記帳の簡略化，計算の迅速化にも役立つ。

【例題1】
当社は標準原価計算制度を採用している。次のX製品の標準原価カードと当月の実績データにもとづいて，完成品原価と月末仕掛品原価を計算しなさい。ただし，直接材料は製造始点で投入される。

＜標準原価カード＞

X製品の標準原価カード			
直接材料費	2kg	@300円	600円
直接労務費	3時間	@200	600
製造間接費			500
計			1,700円

＜生産データ＞

月初仕掛品	100個（加工進捗度 50%）
当月投入	1,200個
月末仕掛品	200個（加工進捗度 80%）
完成品	1,100個

【解説と解答】
完成品原価は完成品数量に原価標準を乗じて次のように計算される。
　1,100個 × 1,700円 = 1,870,000円
月末仕掛品原価の計算にあたっては，加工費は加工進捗度を考慮することに注意して次のように計算する。

　直接材料費　200個 × 600円　　　　　　　　　= 120,000円
　加工費　　　200個 × 80% × (600円 + 500円) = 176,000円
　　計　　　　　　　　　　　　　　　　　　　　 296,000円

2. 原価差異の処理

　標準原価計算における実績標準原価と実際発生額との差額である標準原価差異は，原則として売上原価に賦課する。不利な差異（実績標準原価＜実際発生額）の場合には，売上原価に加算し，有利な差異（上記の符号が反対）の場合には，売上原価から控除する。
　次に標準原価計算制度を採用している場合，原価差異の損益計算書への表示例を図表12－3に示す（外部公表用の損益計算書の形式とは異なる）。

図表12－3　標準原価差異の表示
損 益 計 算 書

```
　売 上 高　　　　　　　　　　　　　×××
　売 上 原 価
　　標 準 売 上 原 価　　　×××
　　標 準 原 価 差 異　　　×××　　　×××
　　売 上 総 利 益　　　　　　　　　×××
```

　また，標準原価差異の会計的処理を表にすると図表12－4のようになる。

図表12－4　標準原価差異の処理

原価性	ケース	処理方法
有	①原則的処理	売上原価へ賦課する
	②材料受入価格差異	材料の払出高と期末有高に配賦する
	③不適当な予定価格等で，多額の差異	売上原価と期末棚卸高に配賦する （個別原価計算）指図書別・科目別配賦 （総合原価計算）科目別配賦
無	④異常な状態に基づく物量差異	非原価項目

第12章 標準原価計算

【例題2】
　当社は標準原価計算制度を採用している。原価標準 850 円（原料費 560 円，加工費 290 円）の製品を当月に 300 個生産し，すべて完成した（月初仕掛品はない）。当月に実際に発生した製造原価は合計 285,000 円であった。当月にそのうち 250 個を＠1,440 円で販売したとする（月初製品はない）。この場合，標準原価差異は ① 円の ② 差異となり，売上総利益は ③ 円となる。なお，標準原価差異は売上原価に賦課する。カッコに適当な数値または用語を入れなさい。

【解説と解答】
　問題の数値を用いて損益計算書を作成すると次のようになる。

損 益 計 算 書

売 上 高		360,000 円
売 上 原 価：		
月初製品棚卸高	0 円	
当月製品製造原価	255,000	
合　　計	255,000	
月末製品棚卸高	42,500	
標 準 売 上 原 価	212,500	
標 準 原 価 差 異	30,000	242,500
売 上 総 利 益		117,500 円

　当月の生産量がすべて完成しているので，完成品原価（300 個 × 850 円 = 255,000 円）は当月製品製造原価となり，この金額と実際額との差額が標準原価差異となる。つまり，285,000 円 − 255,000 円 = 30,000 円の不利差異である。この差異を標準売上原価に加算すると売上原価の 242,500 円になる。
　したがって，解答は次のようになる。
　① 30,000　　② 不利（または借方）　　③ 117,500

【例題3】

当社は標準原価計算制度を採用している。次のY製品の標準原価カードと当月の実績データにもとづいて質問に答えなさい。

＜標準原価カード＞

Y製品の標準原価カード			
直接材料費	3kg	@250円	750円
直接労務費	2時間	@200	400
製造間接費			500
計			1,650円

＜実績データ＞

①当月生産量（仕掛品はない）………… 800個
②発生した原価：
　直接材料費……………… 618,000円
　直接労務費……………… 315,000
　製造間接費……………… 445,000

（質問①）費目別の標準原価差異計算表を作成しなさい。

（質問②）当月に完成したY製品のうち、700個を販売価格@2,380円で売り上げた場合、当月の損益計算書と貸借対照表を作成しなさい。ただし、標準原価差異は全額売上原価に賦課する。

【解説と解答】

　標準原価計算は、標準原価カードに示されている原価（つまり原価標準）に基づいて完成品原価や月末仕掛品原価を計算し、月末に標準原価と実際原価額との差異を算出して、原価管理に資するとともに、その差異は原則として売上原価に賦課される。

　本例題の場合、仕掛品が存在しないので、標準原価差異は容易に計算されるが、仕掛品が存在する場合には、当月投入のところで標準と実際とを比較して差異を算出する。

　（質問①）の解答を表で示すと次のようになる。

費　目	標準原価	実際原価	原価差異（有利・不利）
直接材料費	600,000 円	618,000 円	18,000 円（不利）
直接労務費	320,000	315,000	5,000　（有利）
製造間接費	400,000	445,000	45,000　（不利）
計	1,320,000 円	1,378,000 円	58,000 円（不利）

また，（質問②）の損益計算書と貸借対照表には次のように表示される。

<u>損益計算書</u>　　　　（単位：円）

```
売 上 高                              1,666,000
売 上 原 価
　標 準 売 上 原 価    1,155,000
　標 準 原 価 差 異       58,000    1,213,000
　売 上 総 利 益                       453,000
```

<u>貸借対照表</u>

```
製　品      165,000
```

3. 標準原価差異の分析

　会計上の差異分析は，標準原価差異を費目別にいくつかの要因に分析することである。基本的にはこれを価格要素の差異と物量要素の差異とに区分する。これらの差異分析の結果は，さらに調査するかどうかの基礎資料となる。会計的な差異分析の役割は，管理者の注意を喚起し，差異の発生原因を調査する出発点となることにある。差異を金額で示すことによって差異間の経済的重要性を明らかにすることができる。

（1）直接材料費の差異分析

　直接材料費差異はこれを価格差異と数量差異とに分離する。これを図によっ

て示すと図表12－5のようになる。各差異額は，矩形の面積を計算することによって得られる。

図表12－5　直接材料費の差異分析

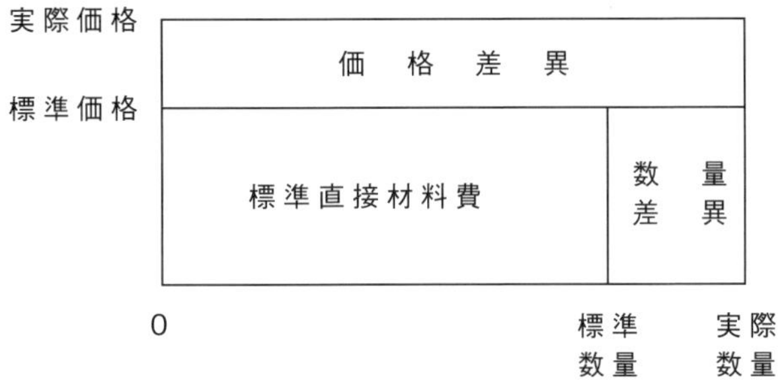

```
実際価格 ┌─────────────────────┬─────┐
         │    価　格　差　異    │     │
標準価格 ├─────────────────────┼─────┤
         │                     │ 数量 │
         │    標準直接材料費    │ 差異 │
         │                     │     │
         └─────────────────────┴─────┘
         0                   標準   実際
                             数量   数量
```

計算式を示すと次のようになる。

　　価格差異＝(実際価格－標準価格)×実際消費量
　　数量差異＝(実際消費量－標準消費量)×標準価格

　実際が標準を超えていれば不利差異（または借方差異），低ければ有利差異（または貸方差異）が発生している。
　価格差異は，これを材料受入時に分離する方法と消費時に分離する方法がある。上の式は，消費時に分離する方法によって示したが，受入時に分離する場合には次のようになる。

　　価格差異＝(実際価格－標準価格)×実際受入数量（仕入数量）

　この価格差異は**材料受入価格差異**とよばれる。したがってこの場合，数量差異だけが消費時に分離されることになる。

【例題4】
　標準原価カードによれば，A製品の単位当たりの直接材料費のうち，X材料は，5kg×@220円＝1,100円となっていた。当月の実際生産量が1,200個で，当月のX材料の実際消費量が6,120kg，実際価格が210円であったとき，価格差異と数量差異を求めなさい。

【解説と解答】
　上記の公式を用いて解答すると次のようになる。
　　価格差異　　（210円－220円）×6,120kg＝－61,200円（有利）
　　数量差異　　（6,120kg－5kg×1,200個）×220円＝26,400円（不利）

(2) 直接労務費の差異分析

　直接労務費の差異分析は，賃率差異と作業時間差異（労働能率差異）とに区分される。その方法は，直接材料費の差異分析の場合と同じである。これに倣って図式化すると図表12－6の通りである。

図表12－6　直接労務費の差異分析

	賃　率　差　異	
	標準直接労務費	作業時間差異

　　　　　　　0　　　　　　　　　　　　　　標準　　実際
　　　　　　　　　　　　　　　　　　　　　　時間　　時間

計算式を示すと次のようになる。

　　賃率差異＝(実際賃率－標準賃率)×実際作業時間
　　作業時間差異＝(実際作業時間－標準作業時間)×標準賃率

【例題5】
　B製品の標準賃率が880円で，標準作業時間が1個当たり3時間であったとする。当月の実際生産量が300個で，実際作業時間が955時間，実際賃率が890円であったとき，賃率差異と作業時間差異を算定しなさい。

【解説と解答】
　上記の公式を用いて解答すると次のようになる。
　　賃率差異　　　（890円 − 880円）× 955時間 = 9,550円（不利）
　　作業時間差異　（955時間 − 300個 × 3時間）× 880円 = 48,400円（不利）

(3) 製造間接費の差異分析

　製造間接費の差異分析は，これまで解説した直接費の分析方法とは全く異なっている。予算が援用されているからである。固定予算を用いる場合と変動予算を用いる場合とでは差異の算定の仕方が異なる。以下は変動予算を前提として解説している。固定予算による差異分析については，製造間接費の予定配賦を参照されたい。

　本書では，製造間接費差異を予算差異，操業度差異，能率差異の3つに分解する方法（**3分法**と呼ばれる）を解説する。

　予算差異は，実際操業度における予算額と実際発生額との差であり，製造間接費の節約・浪費，単価の変動を反映している。**能率差異**は，作業能率の良し悪しを製造間接費について測定したもので，実績標準操業度（実際生産量×1単位当たりの標準時間等）と実際操業度との差から算定される。**操業度差異**は，遊休設備能力費（アイドル・キャパシティ・コスト）とか予定操業度からの隔たりとしての意味合いをもっており，設備の利用度を知るためのデータを提供する。

　この3分法にもいくつかの算定方法がある。標準操業度を基準とする方法と実際操業度を基準とする方法がある。

　では，次に変動予算による3分法による差異分析を計算式と図表12 − 7で示す。操業度として直接作業時間を用いている。

第12章 標準原価計算 ○── 155

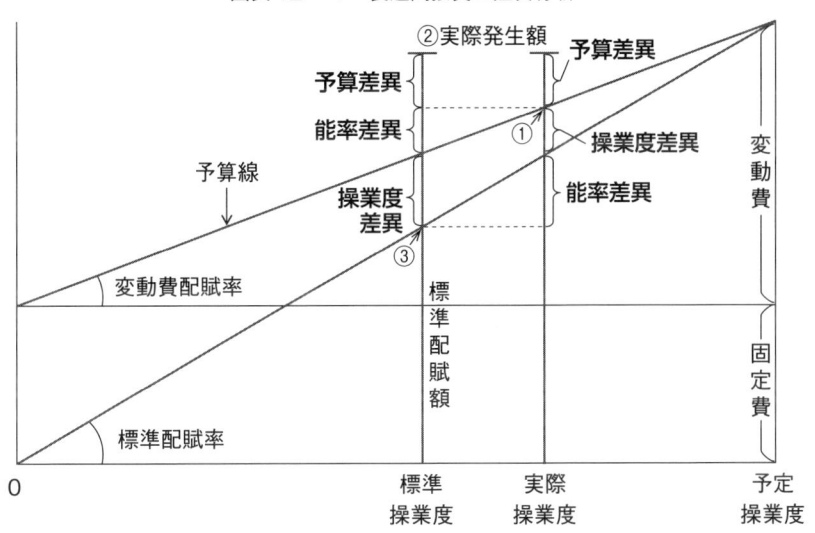

図表12－7 製造間接費の差異分析

製造間接費総差異＝実際発生額－標準配賦額（図では②－③）

［標準操業度を基準とする場合］

　予算差異＝実際操業度における予算額（図では①）－実際発生額②
　　又は（固定費予算額＋実際操業度×変動費配賦率）－実際発生額②
　能率差異＝(標準操業度－実際操業度)×変動費配賦率
　　又は実際操業度における予算額－固定費予算額＋標準操業度
　　　×変動費配賦率
　操業度差異＝(標準操業度－基準操業度)×固定費配賦率

［実際操業度を基準とする場合］

　予算差異＝第1法と同じ
　能率差異＝(標準操業度－実際操業度)×標準配賦率
　操業度差異＝(実際操業度－基準操業度)×固定費配賦率

【例題６】
次のデータに基づいて製造間接費の差異分析を３分法で行いなさい。
［データ］
①基準（予定）操業度（直接作業時間）……… 15,000 時間
②基準（予定）操業度における予算額
　　固定費　1,200,000 円，変動費　1,800,000 円
③単位当たり直接作業時間（標準原価カードより）…… 5 時間
④実際生産量（仕掛品無し）………… 2,800 個
⑤実際直接作業時間……………… 14,200 時間
⑥製造間接費の実際発生額………… 2,958,700 円

【解説と解答】
　実際操業度を基準に差異分析すると次のように計算される。ただし，標準配賦率は 200（(1,200,000 円＋1,800,000)／15,000 時間），固定費配賦率は 80（1,200,000 円／15,000 時間）である。

　　予算差異　（1,800,000 円／15,000 時間×14,200 時間＋1,200,000 円）
　　　　　　　－2,958,700 円＝－54,700 円（不利）
　　能率差異　（2,800 個×5 時間－14,200 時間）×200＝－40,000 円（不利）
　　操業度差異　（14,200 時間－15,000 時間）×80＝－64,000 円（不利）
　標準操業度を基準に差異分析すると次のようになる。
　　予算差異　同上
　　能率差異　（2,800 個×5 時間－14,200 時間）×120＝－24,000 円（不利）
　　操業度差異　（14,000 時間－15,000 時間）×80＝－80,000 円（不利）

4．標準原価計算の記帳

　標準原価計算は，モノの流れのある段階で標準原価を適用する方法であるから，この適用された段階で差異が把握される。したがって，どの段階で適用するかによって，記帳の方法も異なる。この記帳方法には一般にパーシャル・プランとシングル・プランがある。両者の違いは，仕掛品勘定（または製造勘定）の当

期製造費用に実際原価と標準原価のいずれの数値を用いるかによるものである。
　パーシャル・プラン（部分法）は，仕掛品勘定の借方側を実際原価で，貸方側を標準原価数値で記帳する方法である。仕掛品勘定への記帳は次のようになる。

仕 掛 品	
期首仕掛品（標準）　×××	当期完成品（標準）　×××
当期製造費用（実際）　×××	期末仕掛品（標準）　×××

　パーシャル・プランによれば，標準原価差異は仕掛品勘定で処理されることになる。製品が完成しなければ差異が確定しないという点では，原価差異のアウトプット法と結び付く。
　これに対して，**シングル・プラン**（単一法）は，仕掛品勘定の借方，貸方の両側を標準原価によって記帳する方法である。仕掛品勘定への記帳を示せば次のようになる。

仕 掛 品	
期首仕掛品（標準）　×××	当期完成品（標準）　×××
当期製造費用（標準）　×××	期末仕掛品（標準）　×××

　シングル・プランは，原価要素の投入段階で差異が確定するから，原価差異のインプット法と結び付く。
　パーシャル・プランでは，直接材料費は，実際原価（実際消費量×実際価格）によって仕掛品勘定の借方に記帳された。これに対して，材料の価格差異を投入時や買入時に分離したり，投入時に標準価格を適用し，仕掛品勘定の借方には，(実際消費量×標準価格) で記帳する方法が，**修正パーシャル・プラン**である。この場合には，仕掛品勘定では，数量差異等の物量差異のみが算出されることになる。

【例題7】

当社は，標準原価計算制度を採用している。当期のデータに基づいて，①パーシャル・プランと②シングル・プランによって必要な仕訳と仕掛品勘定への記入を行いなさい。

[資料]

1. 製品1個当たりの標準原価

    直接材料費　　5kg　　@100円　　500円
    直接労務費　　3時間　@150円　　450
    製造間接費　　3時間　　　　　　540
    　　　　　　　　　　　　　　 1,490円

2. 生産データ（カッコ内は加工進捗度を表す）

    期首仕掛品　　100個（50％）
    当期生産量　1,000
    計　　　　　1,100
    期末仕掛品　　200　（80％）
    当期完成品　　900個

3. 当期の実際発生額

    直接材料費　490,980円
    直接労務費　496,000円
    製造間接費　620,000円

4. 標準原価差異は一括して原価差異勘定で処理する。
5. 原価差異は売上原価へ賦課する。
6. 用いることのできる勘定科目は以下の通りである。

    材　　料　　　仕　掛　品　　　賃金・給料　　　製造間接費
    原価差異　　　製　　品　　　　売上原価

【解説と解答】

　　パーシャル・プランは，仕掛品勘定の借方側に実際原価で貸方側に標準原価で記帳し，シングル・プランは仕掛品勘定の両側に標準原価で記帳する方法である。したがって，前者の場合は仕掛品勘定に原価差異が現れ，後者の場合には原価要素勘定（材料勘定など）に原価差異が現れることになる。したがって，解答は次のよう

に示される。

① パーシャル・プラン

a. 製品の完成
　　（製　　　品）　1,341,000　　（仕　掛　品）　1,341,000
b. 直接材料費の計上
　　（仕　掛　品）　　490,980　　（材　　　料）　　490,980
c. 直接労務費の計上
　　（仕　掛　品）　　496,000　　（賃金・給料）　　496,000
d. 製造間接費の計上
　　（仕　掛　品）　　620,000　　（製造間接費）　　620,000
e. 原価差異の算定
　　（原 価 差 異）　　107,080　　（仕　掛　品）　　107,080
f. 原価差異の売上原価への賦課
　　（売 上 原 価）　　107,080　　（原 価 差 異）　　107,080

なお，仕掛品勘定への記入を示せば次のようになる。

仕　掛　品

前 期 繰 越	99,500	製　　　品	1,341,000
材　　　料	490,980	原 価 差 異	107,080
賃 金・給 料	496,000	次 期 繰 越	258,400
製 造 間 接 費	620,000		

② シングル・プラン

a. 製品の完成
　　（製　　　品）　1,341,000　　（仕　掛　品）　1,341,000
b. 直接材料費の計上
　　（仕　掛　品）　　500,000　　（材　　　料）　　490,980
　　　　　　　　　　　　　　　　（原 価 差 異）　　　9,020
c. 直接労務費の計上
　　（仕　掛　品）　　454,500　　（賃金・給料）　　496,000
　　（原 価 差 異）　　41,500

d. 製造間接費の計上
   (仕 掛 品)　　545,400　　(製造間接費)　　620,000
   (原 価 差 異)　　74,600
e. 原価差異の売上原価への賦課
   (売 上 原 価)　　107,080　　(原 価 差 異)　　107,080

なお，仕掛品勘定への記入を示せば次のようになる．

仕　　掛　　品

前 期 繰 越	99,500	製　　　品	1,341,000
材　　料	500,000	次 期 繰 越	258,400
賃 金 ・ 給 料	454,500		
製 造 間 接 費	545,400		

本例題では要求されていないが，仕掛品勘定を費目ごとに設けることがある．パーシャル・プランによってこれを示せば，次のようになる．

仕 掛 - 直 接 材 料 費

前 期 繰 越	50,000	製　　　品	450,000
材　　料	490,980	次 期 繰 越	100,000
原 価 差 異	9,020		

仕 掛 - 直 接 労 務 費

前 期 繰 越	22,500	製　　　品	405,000
賃 金 ・ 給 料	496,000	原 価 差 異	41,500
		次 期 繰 越	72,000

仕 掛 - 製 造 間 接 費

前 期 繰 越	27,000	製　　　品	486,000
製 造 間 接 費	620,000	原 価 差 異	74,600
		次 期 繰 越	86,400

演習問題

(1) 当社は，原価管理に利用するために標準原価計算を採用している。次のデータに基づいて，質問に答えなさい。

[データ]
(1) 製品原価標準

直接材料費　2.5kg　@100円　　250円
直接労務費　2時間　@200　　　400円
製造間接費　2時間　　　　　　300円
　合　計　　　　　　　　　　　950円

この原価標準は，前月より改訂されずに維持されている。

(2) 生産データ

月初仕掛品数量…………… 200個（加工進捗度　60％）
当月生産量……………… 1,500個
月末仕掛品数量…………… 180個（加工進捗度　50％）
当月完成品数量………… 1,520個

材料は，製造始点ですべて投入される。

(3) 原価データ

当月実際原価
直接材料費………………　403,200円
直接労務費………………　600,600円
製造間接費………………　443,300円

標準原価差異はすべて売上原価へ賦課する。

(質問)　①月初仕掛品原価を求めなさい。
　　　　②当月完成品原価を求めなさい。
　　　　③月末仕掛品原価を求めなさい。
　　　　④標準原価差異を費目別に算定しなさい。

(2) 次のB製品の1単位当たりの標準原価カードと実績データに基づいて，差異分析を行いなさい。ただし，製造間接費の管理のために変動予算を採用しており，実際操業度を基準に3分法で差異分析すること。

＜標準原価カード＞

B製品の標準原価カード			
直接材料費	2kg	@100円	200円
直接労務費	3時間	@250	750
製造間接費			510
計			1,460円

（注）当月の製造間接費予算額は，306,000円であり，このうち，固定費予算は180,000円である。基準（予定）操業度は1,800時間（直接作業時間）である。

＜実績データ＞

① 当月生産量（仕掛品はない）………… 500個

② 実際データ：

直接材料費……………… 1,020kg　　@105円

直接労務費……………… 1,490時間　@265円

製造間接費……………… 1,490時間　312,100円

（3）神奈川工業(株)は標準原価計算制度を採用しており，その記帳をパーシャル・プランによって行っている。次のデータにより，解答欄にある勘定に記入しなさい。

［データ］

(1) 製品原価標準

直接材料費　2.5kg　@100円　　250円

直接労務費　2時間　@200　　　400円

製造間接費　2時間　　　　　　300円

合　計　　　　　　　　　　　950円

基準操業度は3,200時間で固定費予算額は256,000円である。

(2) 生産データ

月初仕掛品数量…………… 200個（加工進捗度　60％）

当月生産量………………… 1,500個

月末仕掛品数量…………… 180個（加工進捗度　50％）

当月完成品数量…………… 1,520個

材料は，製造始点ですべて投入される。

(3) 原価データ

当月実際原価

直接材料費………実際消費量　3,840kg　　　実際価格＠105円

直接労務費………実際作業時間　3,080時間　実際賃率　195円

製造間接費………実際発生額　468,800円

(4) 製造間接費の差異分析は，変動予算3分法によって行う。

(5) 分析した標準原価差異はそれぞれの勘定を用いて処理する。

(解答欄)

仕掛 − 直接材料費

前 期 繰 越	50,000	製　　　品	(　　　)
材　　　料	(　　　)	(　　)	(　　　)
		(　　)	19,200
		次 期 繰 越	(　　　)

仕掛 − 直接労務費

前 期 繰 越	48,000	製　　　品	(　　　)
賃金・給料	(　　　)	(　　)	(　　　)
(　　)	(　　　)	次 期 繰 越	(　　　)

仕掛 − 製造間接費

前 期 繰 越	36,000	製　　　品	(　　　)
製造間接費	(　　　)	(　　)	(　　　)
(　　)	(　　　)	能 率 差 異	15,000
		次 期 繰 越	(　　　)

第13章　直接原価計算

> **ポイント**
>
> 1. **直接原価計算とは**
>   直接原価計算は製品の原価を変動製造原価で計算し，損益計算では限界利益を算定する方法である。短期利益管理のために採用される。
> 2. **全部原価計算との比較**
>   直接原価計算における営業利益は販売量や売上高によって影響されるが，全部原価計算では生産量によっても影響されるため，両原価計算では異なった数値になる。概して，生産量と販売量が等しい場合に一致する。
> 3. **固定費の調整**
>   経常的に直接原価計算を採用している場合，公表用の財務諸表を作成するために，期末決算において全部原価計算の数値に修正する必要がある。
> 4. **損益分岐点分析**
>   短期的利益計画のツールとして損益分岐点分析がある。直接原価計算から入手できる原価数値がこの分析のために利用可能である。損益分岐点，安全余裕率の算定方法と意味について理解することは管理上有用である。

1. 直接原価計算とは

　直接原価計算は，全部原価計算と対比される原価計算である。全部原価計算と直接原価計算の相違は，製品原価に含められる製造原価の範囲の違いにある。図表13－1のようになる。

図表13－1　全部原価計算と直接原価計算

	全部原価計算	直接原価計算
製品原価	全部の製造原価	変動製造原価
期間原価	販売費・一般管理費	固定製造原価 販売費・一般管理費

　これまで学んできたのは全部原価計算という方法である。公表する財務諸表を作成するときには全部原価計算で作成しなければならない。直接原価計算では，製品のコストに固定費となる製造原価を含まないから，完成品原価や期末製品原価，売上原価は，全部原価計算によって計算された場合と比較して常に低くなる。

　直接原価計算では，固定製造原価は時間の経過に応じて消費されるから，販売費・一般管理費と同じように，期間原価として処理すべきであるとする思考によるものである。したがって，製品原価と期間原価の関係は図表13－2のように表すことができる（全部原価計算については図表3－2を参照）。直接原価計算によって計算された結果で公表することは認められてはいないが，短期的な利益管理のための有用なデータを提供することができるので，かなりの企業で採用されている。

図表13－2　製品原価と期間原価

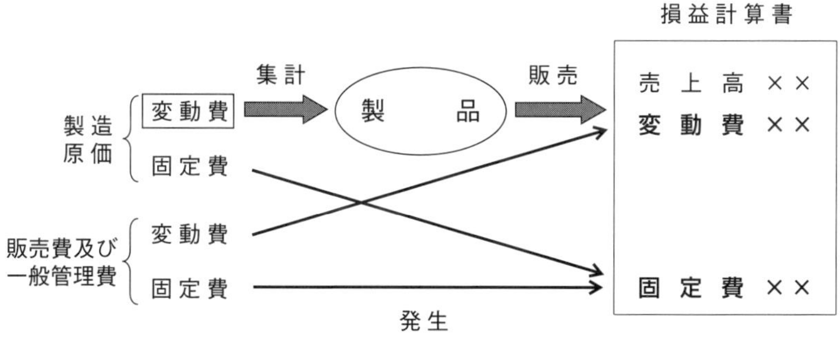

直接原価計算と全部原価計算では，損益計算書の形式も図表 13 − 3 のように異なる。

図表 13 − 3　全部原価計算と直接原価計算

直接原価計算		全部原価計算	
売上高	×　×　×	売上高	×　×　×
変動売上原価	⊖×　×　×	売上原価	⊖×　×　×
変動販売費	⊖×　×　×	売上総利益	×　×　×
限界利益	×　×　×	販売費・一般管理費	⊖×　×　×
固定費	⊖×　×　×	営業利益	×　×　×
営業利益	×　×　×		

直接原価計算における損益計算書では，限界利益を算定する点が特徴的である。**限界利益**とは，売上高から変動費を控除した残額のことである。

全部原価計算では，営業利益は販売量だけではなく生産量によっても影響されるため売上高の増減に関わらず不定に変化するが，直接原価計算では売上高の変動に応じて変化するので，利益計画を立てやすいというメリットがある。

直接原価計算は，図表 13 − 4 に示すように，製品原価計算の方法や実際・標準原価計算と組み合わせて実施される。

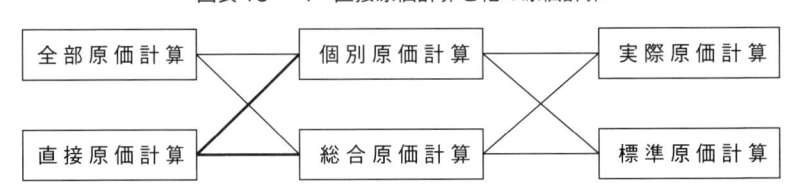

図表 13 − 4　直接原価計算と他の原価計算

| 全部原価計算 | 個別原価計算 | 実際原価計算 |
| 直接原価計算 | 総合原価計算 | 標準原価計算 |

【例題1】

次の原価データおよび生産・販売データにより,直接原価計算によって,完成品原価を計算し,損益計算書を作成しなさい。

(A) 原価データ

製造原価:変動費…… 305,600円　　固定費…… 180,000円

販売費・一般管理費:変動費…… 88,000円　　固定費…… 68,000円

(B) 生産・販売データ

生産量…… 800個　　販売量…… 800個

(C) その他のデータ

1個当たりの販売価格……… 820円

期首製品,期首仕掛品はない。

【解説と解答】

　全部原価計算では,それが変動費であろうと固定費であろうと,製造原価であれば完成品原価を計算する場合に考慮するが,直接原価計算の場合には,製造原価の変動費部分のみを考慮する。

　本例題の場合,仕掛品が存在しないから,当月製造費用の変動費が完成品原価となる。つまり,305,600円である。

　直接原価計算に基づいて損益計算書を作成すると次のようになる。この形式は,損益分岐点分析をはじめとする利益管理の用具としてよく用いられるので覚えておくとよい。

直接原価計算による損益計算書　　（単位:円）

売上高………………………………		656,000
変動費:		
売上原価 ………………………	305,600	
販売費・一般管理費……	88,000	393,600
限界利益 ………………………		262,400
固定費:		
製造原価 ………………………	180,000	
販売費・一般管理費……	68,000	248,000
営業利益 ………………………		14,400

【例題2】

当社は直接原価計算を採用している。A製品のみを大量に生産している。次の原価データおよび生産・販売データにより，質問の金額を解答しなさい。

(1) 生産・販売データ（カッコ内は加工進捗度）

期首仕掛品	80個（50%）	期首製品	120個
当期生産量	450	当期完成品	430個
計	530	計	550個
期末仕掛品	100（60%）	期末製品	100個
当期完成品	430個	当期販売量	450個

(2) 原価データ
- 期首仕掛品原価……原料費 15,480円　変動加工費 5,910円
- 当期製造費用……原料費 96,750円　変動加工費 81,000円
  　　　　　　　　固定加工費 69,750円
- 期首製品棚卸高…… 44,400円
- 販売費・一般管理費……変動費 39,600円　固定費 47,250円

(3) その他のデータ
- 1個当たりの販売価格……… 850円
- 原料は製造始点で投入される。
- 仕掛品，製品の評価は先入先出法による。

(質問) ①当期完成品原価　②期末仕掛品原価（棚卸高）
　　　 ③期末製品棚卸高　④売上原価　⑤限界利益　⑥営業利益

【解説と解答】

　　直接原価計算と総合原価計算の組み合わせの問題である。本例題の場合，製品原価を構成するのは原料費と変動加工費であることが分かる。仕掛品原価の計算に当たっては，変動加工費については加工進捗度を考慮することは言うまでもない。先入先出法で計算すると完成品原価と期末仕掛品原価は次のように求められる。

＜原料費の計算＞

　期末仕掛品原価　　96,750円／450個×100個 = 21,500円

　完成品原価　　15,480円 + 96,750円 − 21,500円 = 90,730円

＜変動加工費の計算＞

月末仕掛品原価　81,000円／(430個＋100個×60％－80個×50％)
　　　　　　　　×100個×60％＝10,800円
完成品原価　　　5,910円＋81,000円－10,800円＝76,110円

よって，
① 当期完成品原価　　90,730円＋76,110円＝166,840円
② 期末仕掛品原価（棚卸高）　　21,500円＋10,800円＝32,300円

さらに，期末製品棚卸高と売上原価は次のようにして求められる。

③ 期末製品棚卸高＝完成品単位原価×期末製品数量
　　　　　　　　166,840円／430個×100個＝38,800円
④ 売上原価＝期首製品棚卸高＋当期完成品原価－期末製品棚卸高
　　　　　　44,400円＋166,840円－38,800円＝172,440円

残りの限界利益と営業利益は損益計算書を作成することによって解答することにしよう。

直接原価計算による損益計算書　　（単位：円）

売　上　高（850円×450個）………		382,500
変　動　費：		
売　上　原　価 ……………………	172,440	
販売費・一般管理費 ……	39,600	212,040
⑤ **限　界　利　益** ……………………		**170,460**
固　定　費：		
製　造　原　価 ……………………	69,750	
販売費・一般管理費 ……	47,250	117,000
⑥ **営　業　利　益** ……………………		**53,460**

2. 全部原価計算との比較

　直接原価計算の主要な特徴は，損益計算において限界利益を算定することに

ある。全部原価計算との比較においては，直接原価計算で算定される（営業）利益は売上高の増減に応じて変動する点にも注目することができる。全部原価計算で算定される利益は，このような一義的な関係は存在しない。それは，直接原価計算上の利益は売上高（または販売量）の関数であるのに対して，全部原価計算上の利益は販売量と生産量の関数であるからである。つまり，全部原価計算の場合，販売量が同じであっても生産量が異なれば，利益が異なるということである。ということは，直接原価計算方式は全部原価計算方式に比べて，売上高の多寡に早期にかつ敏感に反応するということである。

　直接原価計算上の利益と全部原価計算上の利益との間には，次のような関係がある。
　①販売量＝生産量のとき
　　　　直接原価計算基準利益＝全部原価計算基準利益
　②販売量＜生産量のとき
　　　　直接原価計算基準利益＜全部原価計算基準利益
　③販売量＞生産量のとき
　　　　直接原価計算基準利益＞全部原価計算基準利益

　両原価計算における利益額の差は，固定製造原価の処理の違いによるものである。つまり，固定製造原価が費用化されるタイミングの問題である。全部原価計算では，固定製造原価の一部がその期の費用とならずに期末製品・期末仕掛品の価額として次期に繰り越されるが，直接原価計算の場合，固定製造原価の全額をその期の費用として計上するからである。したがって，直接原価計算基準の利益は，次のようにして求められる。

　　　　直接原価計算基準利益＝全部原価計算基準利益－期末製品・仕掛品に含まれる固定製造原価＋期首製品・仕掛品に含まれる固定製造原価

【例題3】

次のデータにもとづき，①限界利益を計算し，さらに②直接原価計算による場合と全部原価計算による場合ではどちらの営業利益がいくら大きいかを答えよ。

[データ]
1. 月初製品，月初仕掛品は無い。
2. 当月生産量………… 200個（すべて完成）
3. 当月の発生原価は次のとおりである。
   製造原価：
     変動費…………　220円（単位当たり）
     固定費………… 20,000円（総額）
   販売費及び一般管理費：
     変動費…………　 80円（単位当たり）
     固定費………… 10,800円（総額）
4. 当月販売量……… 180個（1個当たり売価＠500円）

【解説と解答】

まず，限界利益を算定してみよう。仕掛品が存在しないから，変動製造原価の単価が完成品単位原価となる。これに販売量を乗ずると売上原価（変動費）が計算される。つまり，180個×220円＝39,600円である。限界利益はこの売上原価に変動販売費及び一般管理費を加算して，売上高から差し引いた残高だから，次のように計算される。

限界利益＝売上高−（売上原価＋変動販売費及び一般管理費）
　　　　＝500円×180個−（39,600円＋80円×180個）
　　　　＝36,000円

本例題の場合，生産量が販売量よりも多いから，全部原価計算のほうが営業利益が大きいことが分かる。全部原価計算と直接原価計算の利益の差は固定製造原価の処理の違いである。直接原価計算ではこの全額を期間原価とするが，全部原価計算では一部が棚卸価額に含まれて次期に繰り越される。その金額を求めれば解答が得られる。棚卸価額に含まれる固定製造原価は次のようにして求められる。

20,000円×20個／200個＝2,000円

したがって，全部原価計算の方が直接原価計算よりも2,000円だけ営業利益が大きい。

3. 固定費の調整

　直接原価計算は公表用の財務諸表を作成するのに認められない原価計算の方法であることは既に述べた。したがって，会計期間を通じて経常的に直接原価計算を採用している場合，決算時に全部原価計算の方法に修正する必要がある。もっとも，最初から全部原価計算で計算し直すこともできる。そうしないで，両原価計算の相違が固定製造原価（固定加工費）の処理にあることを考慮し，この固定製造原価のみを全部原価基準に簡便的に修正することを**固定費の調整**と呼んでいる。

　固定製造原価を売上品と期末仕掛品と期末製品とに配分することによって調整する。これは，基本的には製造間接費の配賦計算と同じ方法によるものである。つまり，一期間の固定製造原価をその期間の配賦基準数値の比によって配分する。その計算式は次のように示される（この方法は科目別調整法と呼ばれる）。

　　　固定費調整配賦率＝一期間の固定製造原価／その期間の配賦基準総数
　　　期末仕掛品に配分される固定製造原価＝
　　　　　　　　　　　　　　固定費調整率×期末仕掛品配賦基準数値
　　　期末製品に配分される固定製造原価＝
　　　　　　　　　　　　　　固定費調整率×期末製品配賦基準数値
　　　売上品に配分される固定製造原価＝固定費調整率×売上品配賦基準数値

　配賦基準数値としては，生産量，直接原価（変動製造原価），直接労務費，変動加工費などが考えられる。また，実際直接原価計算を採用している場合，期首製品，期首仕掛品に含まれるべき固定製造原価を考慮して，原価配分法としての平均法によって計算する。

　直接原価計算ベースの営業利益にこの固定費調整額を加減して，全部原価計算ベースの営業利益に修正する損益計算書を作成すると次のようになる。

損益計算書

売 上 高	×××
変 動 費	×××
限 界 利 益	×××
：（途中省略）	：
：	：
営業利益（直接原価計算基準）	×××
固 定 費 調 整 額	×××
営業利益（全部原価計算基準）	×××

なお，固定費調整額は次のようにして計算される。

固定費調整額＝期末製品・仕掛品に含まれる固定製造原価
　　　　　　　－期首製品・仕掛品に含まれる固定製造原価

【例題4】

次のデータに基づいて，変動製造原価を基準に固定費調整を行いなさい。

データ：

①月初仕掛品，月初製品は無い。
②当期の固定製造原価……… 837,000 円
③売上品の変動製造原価（売上原価）…… 4,240,800 円
④月末仕掛品の変動製造原価…… 530,100 円
⑤月末製品の変動製造原価…… 809,100 円

【解説と解答】

固定費調整率を計算すると次のようになる。

$$\text{固定費調整率} = \frac{837{,}000 \text{円}}{4{,}240{,}800 \text{円} + 530{,}100 \text{円} + 809{,}100 \text{円}} = 0.15$$

この固定費調整率を各要素の変動製造原価に乗じることによって固定製造原価を配賦することができる。次のようになる。

売上品への配賦額　　　4,240,800 円 × 0.15 ＝ 636,120 円
月末仕掛品への配賦額　　530,100 円 × 0.15 ＝ 79,515 円
月末製品への配賦額　　　809,100 円 × 0.15 ＝ 121,365 円

したがって，各要素の全部原価は次のようになる。

売上品全部原価（売上原価）　4,240,800 円 ＋ 636,120 円 ＝ 4,876,920 円
月末仕掛品全部原価　　　　530,100 円 ＋ 79,515 円 ＝ 609,615 円
月末製品全部原価　　　　　809,100 円 ＋ 121,365 円 ＝ 930,465 円

4. 損益分岐点分析

(1) 損益分岐点分析とは

　損益分岐点分析（break-even analysis）は，企業の損益構造を全社的な視点から分析して，短期利益計画に役立てようとする管理会計技法である。したがって，その内容はただ単に損益分岐点（利益がゼロとなる売上高）を求めることだけではなく，将来の利益目標を設定したり，その利益目標を達成するために収益（売上高）や費用（または原価）のレベルについて計画することをも含むものである。

　費用，売上高，および利益との関係を分析することを **CVP**（Cost-Volume-Profit）**分析**というが，損益分岐点分析は，直接原価計算とともに，この CVP 分析の一技法である。

(2) 損益分岐点図表

　損益分岐点分析を図表を用いて行う場合に作成される図表が**損益分岐点図表**（breakeven chart）である。図表 13 － 5 はこの損益分岐点図表を描いたものである。この図表は利益図表（profit graph）とも呼ばれている。これは企業の損益構造の鳥瞰図と捉えることができる。図表 13 － 6 は，限界利益図表を描いている。

図表13－5　損益分岐点図表　　図表13－6　限界利益図表

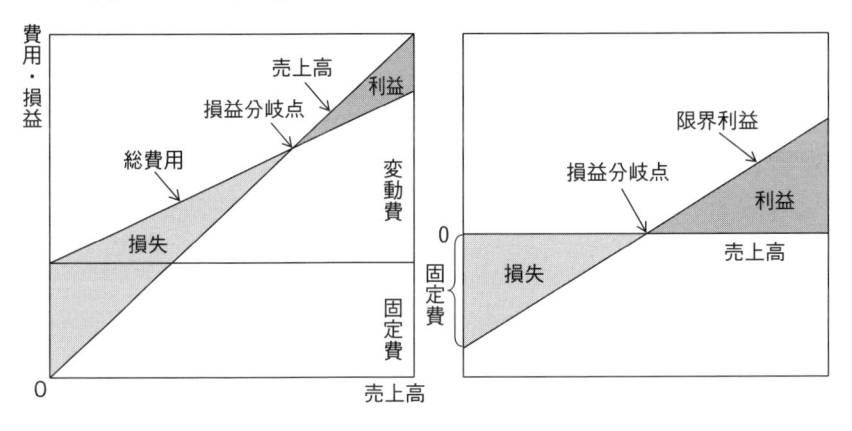

なお，損益分岐点分析は，売上高と原価の直線性，生産量と販売量の一致，などの仮定のもとで分析される。

(3) 損益分岐点

損益分岐点とは利益がゼロとなる売上高であることは前述した。また，それは売上高と総費用がイコールとなる売上高でもある。損益分岐点図表では，売上高線と総費用線との交点として表わされている。損益分岐点を超えて売り上げるなら利益が生じ，それ以下なら損失が発生する。

損益分岐点（売上高）は，次のようにして求められる。

$$損益分岐点売上高 = \frac{固定費（総額）}{1 - \dfrac{変動費}{売上高}}$$

分母は限界利益率となるから，損益分岐点は固定費総額を限界利益率で除して計算される。また，計画売上高が損益分岐点からどれほど離れているかを示す指標として，**安全余裕率**がある。この比率が高ければ高いほど計画の安全性は高い。不況抵抗力を見ることができる。

$$安全余裕率 = \frac{計画（または現在）売上高 - 損益分岐点売上高}{計画（または現在）売上高} \times 100\%$$

目標利益を獲得する売上高は次のようにして求められる。

$$目標利益を達成するのに必要な売上高 = \frac{固定費 + 目標利益額}{限界利益率}$$

具体的な損益分岐点分析の展開に当たっては，次の公式を知っておくと便利である。

$$利益額 = (1 - 変動費率) \times 売上高 - 固定費総額$$

なお，図表13－6のような限界利益図表もCVP分析でよく用いられる。

【例題5】

次の数値が与えられているとき，①限界利益率，②損益分岐点（売上高）③安全余裕率，④希望利益1,000万円を達成する売上高を計算しなさい。

売上高　　8,200万円　　　変動費　　4,920万円　　　固定費　　2,460万円

【解説と解答】

限界利益率は限界利益を売上高で除して次のように求められる。

　(8,200万円 － 4,920万円)／8,200万円 × 100 ＝ 40％

損益分岐点は固定費を限界利益率で除して求めるから次のようになる。

　2,460万円／40％ ＝ 6,150万円

安全余裕率は公式に当てはめて次のように求められる。

　(8,200万円 － 6,150万円)／8,200万円 × 100 ＝ 25％

希望利益1,000万円を得るための売上高は次のように計算される。

　(2,460万円 ＋ 1,000万円)／40％ ＝ 8,650万円

第13章 直接原価計算

― 演 習 問 題 ―

（1）ある月のデータに基づいて直接原価計算と全部原価計算で損益計算書を作成したときに空欄①～⑤に入れるべき数値を答えなさい。

データ 1. 期首仕掛品，期首製品はない。
　　　 2. 当期生産量……… 250 個（すべて完成）
　　　 3. 全部原価計算では固定製造原価は数量によって配賦している。
　　　 4. 当期販売量……… 220 個

直接原価計算基準の損益計算書

売上高………………………… 83,600
変動費：
　売上原価………… 31,250
　販売費・管理費… ①　　　　□
　限界利益…………　　　　② □
固定費：
　製造原価………… 22,000
　販売費・管理費… 9,240　 31,240
　営業利益…………　　　　③ □

全部原価計算基準の損益計算書

売上高………………………… 83,600
売上原価………… ④ □
売上総利益………… □
販売費・管理費…… 21,340
営業利益…………… ⑤ □

（2）次の当月のデータに基づき，質問に答えよ。

データ①当月の発生原価

原　価　費　目	変　動　費	固　定　費
製　造　原　価	350,400 円	297,600 円
販売費・一般管理費	103,500 円	72,000 円

②当月生産量………………… 4,800 個
③当月販売量………………… 4,500 個
④月初製品，月初仕掛品，月末仕掛品………… 0 個
⑤販売価格（1 個当たり）………… 185 円

（質問1）全部原価計算に基づいて次の数値を計算しなさい。
　　　　当期完成品単位原価，営業利益
（質問2）直接原価計算に基づいて次の数値を計算しなさい。
　　　　当期完成品単位原価，限界利益，営業利益

（3）A製品を量産するX社の次のデータに基づき，当月の損益計算書を①全部原価計算方式と②直接原価計算方式によって作成し，③両方式による営業利益の差額を説明した文章に適当な数値を入れなさい。

＜当月のデータ＞

a．生産・販売データ　　月初製品　　　200個
　　　　　　　　　　　　当月生産　　1,000個
　　　　　　　　　　　　当月販売　　1,100個
　　　　　　　　　　　　月末製品　　　100個

b．原価データ（単位当たり実際原価）
　　　　原料費（変動費）　　　　　250円
　　　　変動加工費　　　　　　　　180円
　　　　変動販売費　　　　　　　　 60円

c．原価データ（月額）
　　　　固定加工費　　　　　　90,000円
　　　　固定販売費・一般管理費　22,000円

d．製品単位当たり販売価格　　　　800円

e．月初仕掛品，月末仕掛品はなかった。

f．製品の払出単価の計算は，先入先出法による。

g．月初製品原価は次の通りである。（全部原価計算方式による）
　　原料費　　　50,000円
　　変動加工費　36,000円
　　固定加工費　17,000円

③差額の説明………両計算方式による差額　　a　　円は全部原価計算方式で計算された期首製品に含まれる固定加工費　　b　　円と期末製品に含まれる固定加工費　　c　　円との差額である。

全部原価計算方式の場合，この　　c　　円分の固定加工費が直接原価計算方式の場合よりも多く当月に費用化されるので，営業利益は直接原価計算方式の場合よりも少ない。

（4）次の利益計画案に基づいて，以下の問に答えなさい。

損 益 計 算 書　　　（単位：万円）

売 上 高		22,000
変 動 費	16,500	
固 定 費	4,400	20,900
営 業 利 益		1,100

（問1）次の数値を計算しなさい。

　　①限界利益　　②限界利益率　　③損益分岐点売上高　　④安全余裕率

（問2）目標利益を2,200万円ほしい。いくら売上高を計画すればよいか。

【参考文献】

番場嘉一郎『原価計算論』中央経済社，1963年。

廣本敏郎『工業簿記の基礎』税務経理協会，1996年。

岡本　清『原価計算（四訂版）』国元書房，1990年。

櫻井通晴『経営原価計算論』中央経済社，1981年。

小林啓孝『原価計算』中央経済社，1994年。

解 答 編

第1章 原価計算とは

(1) ア－d　イ－f　ウ－g　エ－c　オ－e　カ－a

(2)

	X 製品	Y 製品	合　計
直接材料費	185,200 円	285,600 円	470,800 円
直接労務費	113,750	211,250	325,000
直接経費	35,405	—	35,405
製造間接費	131,355	243,945	375,300
計：製造原価	465,710 円	740,795 円	1,206,505 円

第2章 原価計算と財務諸表

(1)　当期製造費用　　582,000 円
　　　当期完成品原価　590,400 円
　　　売上原価　　　　541,200 円
　　　期末製品原価　　 49,200 円
　　　営業利益　　　　195,800 円

(2)（仕訳）

① （借方）材　　　料　358,400　（貸方）買　掛　金　358,400
② （借方）仕　掛　品　316,300　（貸方）材　　　料　337,400
　　　　　製造間接費　 21,100
③ （借方）賃　　　金　523,800　（貸方）所得税預り金　 66,000
　　　　　　　　　　　　　　　　　　　保険料預り金　 25,500
　　　　　　　　　　　　　　　　　　　現　　　金　432,300
④ （借方）仕　掛　品　445,000　（貸方）賃　　　金　523,800
　　　　　製造間接費　 78,800

⑤（借方）経　　　　費　　226,000　　（貸方）現　　　　金　　226,000
⑥（借方）製造間接費　　226,000　　（貸方）経　　　　費　　226,000
⑦（借方）仕　掛　品　　325,900　　（貸方）製造間接費　　325,900
⑧（借方）製　　　　品　　888,000　　（貸方）仕　掛　品　　888,000
⑨（借方）売　掛　金　1,220,600　　（貸方）売　　　　上　1,220,600
　　　　売 上 原 価　　811,200　　　　　　製　　　　品　　811,200

（勘定記入）

材　　料				仕　掛　品			
(1)	58,400	(2)	337,400	(2)	16,300	(8)	888,000
		繰越	21,000	(4)	445,000	繰越	425,200
				(7)	325,900		

賃　　金				製造間接費			
(3)	523,800	(4)	523,800	(2)	21,100	(7)	325,900
				(4)	78,800		
				(6)	226,000		

経　　費				売 上 原 価			
(5)	226,000	(6)	226,000	(9)	811,200		

製　　品				売　　上			
(8)	888,000	(9)	811,200			(9)	1,220,600
		繰越	76,800				

第3章　原価と原価計算

（1）①○　②○　③○　④×　⑤○

（2）製造原価　　426,600円　　総原価　　570,000円
　　　製造間接費　189,400円　　販売費及び一般管理費　143,400円

（3）
・指図書に集計される製造原価：
　　＃121　562,060円　　＃122　493,520円
　　＃123　232,720円
・完成品原価…………1,055,580円
・月末仕掛品原価……232,720円

原価計算表を作成すると，次のようになる。

(単位：円)

	＃121	＃122	＃123	合　計
月初仕掛品原価	156,000	—	—	156,000
直接材料費	108,600	138,800	89,400	336,800
直接労務費	88,000	102,600	55,700	246,300
直接経費	22,500	25,800	8,900	57,200
製造間接費	186,960	226,320	78,720	492,000
合計：製造原価	562,060	493,520	232,720	1,288,300

（4）
完成品原価…………A製品　829,600円　　B製品　527,000円
完成品単位原価……A製品　　680円　　B製品　　620円

（参考）

総合原価計算表

	A製品	B製品	合　計
月初仕掛品原価	126,500円	88,200円	214,700円
当月製造費用：			
製造直接費	587,700円	407,900円	995,600
製造間接費	269,500	115,500	385,000
計	983,700	611,600	1,595,300円
月末仕掛品原価	154,100	84,600	238,700
差引：完成品原価	829,600円	527,000円	1,356,600円

第4章 材料費の計算

(1)

	＃201	＃202
先入先出法	169,300 円	183,080 円
移動平均法	169,960 円	182,640 円
総平均法	170,380 円	182,550 円

(2) ＃111　606,600 円　　＃112　806,850 円
　　＃113　324,900 円

(3)（質問1）各指図書の材料費：
　　　　＃1010　93,500 円　　＃1020　77,000 円
　　（質問2）材料消費価格差異　900 円の有利差異

第5章 労務費の計算

(1)（質問1）

作業員	A	B	C
基本給：			
定時	136,800 円	120,400 円	116,000 円
定時外	21,375	20,425	25,000
諸手当	24,600	28,800	18,900
計：給与総額	182,775 円	169,625 円	159,900 円
諸控除額	42,850	36,250	28,800
差引：現金支給額	139,925 円	133,375 円	131,100 円

　　（質問2）＃1011　169,840 円　　＃1012　134,640 円
　　　　　　　＃1013　102,080 円
　　（質問3）33,440 円

(2)（質問1）440,430 円
　　（質問2）1,590 円
　　（質問3）＃104　203,520 円　　＃105　130,380 円
　　　　　　　＃106　69,960 円
　　（質問4）12,720 円
　　（質問5）23,850 円

（3）（質問1）＃111　429,000円　　＃112　561,000円

　　　　　　間接作業賃金　39,600円　　手待賃金　26,400円

　　（質問2）32,640円（不利差異）

第6章　経費の計算

（1）①誤　②誤　③正　④正　⑤正
（2）a．複合費（または複合経費）　b．月割　c．発生
　　　d．福利施設負担額　e．複合費（または複合経費）　f．型代
（3）① 8,000円　② 12,000円　③ 145,000円
　　　④ 30,840円　⑤ 38,000円　⑥ 23,750円

第7章　製造間接費の配賦計算

（1）①

（単位：円）

	＃150	＃151	＃152	＃153
月初仕掛品原価	(256,720)	182,450	—	—
直接材料費	338,000	307,500	256,300	226,800
直接労務費	283,000	(225,000)	(128,000)	152,000
直接経費	82,200	112,000	44,400	55,700
製造間接費	127,350	101,250	(57,600)	(68,400)
合計：製造原価	(1,087,270)	(928,200)	486,300	(502,900)

②

仕　掛　品

前月繰越	(439,170)	製　　品	(2,501,770)
材　料	(1,128,600)	次月繰越	(502,900)
賃金給料	(788,000)		
経　費	(294,300)		
製造間接費	(354,600)		

(2)
＜質問①＞

	A機械	B機械
甲機械共通費	78,060円	156,120円
乙機械共通費	44,800円	112,000円

＜質問②＞
　　A機械　458,350円　　B機械　716,100円
＜質問③＞
　　A機械率　4,450（円）　　B機械率　6,820（円）
＜質問④＞

	指図書＃11	指図書＃12	指図書＃13
A機械	289,250円	97,900円	71,200円
B機械	190,960	238,700	286,440
合　計	480,210円	336,600円	357,640円

(3)
①予定配賦率　　2,460（円）
②予定配賦額
　　＃201　103,320円　　＃202　162,360円
　　＃203　61,500円　　＃204　118,080円
　　＃205　34,440円
③製造間接費配賦差異　28,700円の配賦不足
(4)

活動原価	X製品	Y製品	Z製品
段取費	23,840円	35,760円	119,200円
機械費	840,000円	735,000円	189,000円
マテハン費	25,140円	37,710円	167,600円
技術費	103,800円	155,700円	519,000円
合　計	992,780円	946,170円	994,800円

第8章 個別原価計算

（1）月初仕掛品原価……… 385,000 円
　　　当月完成品原価……… 728,000 円
　　　月末仕掛品原価……… 1,491,000 円
（2）（問1）#214 …… 15,000 円　　#215 …… 356,000 円
　　　　　　#216 …… 115,000 円
　　（問2）#210 …… 150,000 円　　#211 …… 355,000 円
　　　　　　#212 …… 222,000 円　　#213 …… 620,000 円
　　　　　　#217 …… 1,080,000 円

第9章 部門別個別原価計算

（1）

製造間接費部門別配分表　　　（単位：円）

摘　要	合　計	製造部門 第1部門	製造部門 第2部門	補助部門 動力部門	補助部門 修繕部門	補助部門 事務部門
部門個別費：						
間接材料費	490,620	223,000	195,000	25,890	38,200	8,530
間接労務費	417,880	180,500	45,000	68,400	65,680	58,300
部門共通費：						
電　力　料	226,000	67,800	163,000	52,160	4,520	4,520
建　物　費	690,000	287,500	345,000	28,750	23,000	5,750
通　信　費	84,000	33,600	31,500	4,200	6,300	8,400
部門費合計	1,908,500	792,400	779,500	179,500	137,700	85,500

（2）＜直接配賦法＞

部　門　費　振　替　表

摘　要	金　額	製造部門 第1部門	製造部門 第2部門	補助部門 動力部門	補助部門 事務部門
部　門　費	1,914,000 円	885,200 円	728,400 円	246,000 円	54,400 円
動力部門費		141,450 円	104,550 円		
事務部門費		34,000	20,400		
小　　計		**175,450 円**	**124,950 円**		
製造部門費	1,914,000 円	1,060,650 円	853,350 円		

<相互配賦法（簡便法）>

部　門　費　振　替　表

摘　　要	金　額	製造部門 第1部門	製造部門 第2部門	補助部門 動力部門	補助部門 事務部門
部　門　費	1,914,000 円	885,200 円	728,400 円	246,000 円	54,400 円
第1回配賦：					
動力部門費		138,000 円	102,000 円	—	6,000
事務部門費		32,000	19,200	3,200	—
小　計		170,000 円	121,200 円	3,200 円	6,000 円
第2回配賦：					
動力部門費		1,840	1,360		
事務部門費		3,750	2,250		
小　計		5,590 円	3,610 円		
製造部門費	1,914,000 円	1,060,790 円	853,210 円		

（3）（質問1）

製造部門費予定配賦表　　　　　（単位：円）

	＃201	＃202	＃203	＃204	合　計
第1製造部門費	796,600	372,000	644,800	198,400	1,960,200
第2製造部門費	826,800	636,000	238,500	318,000	2,019,300
計：予定配賦額	1,770,800	1,078,500	1,005,500	554,000	4,408,800

（質問2）

部　門　費　振　替　表

摘　　要	金　額	製造部門 第1部門	製造部門 第2部門	補助部門 甲部門	補助部門 乙部門
部　門　費	4,008,300 円	1,838,600 円	1,925,500 円	187,000 円	57,200 円
甲部門費		112,200	74,800		
乙部門費		37,180	20,020		
製造部門費	4,008,300 円	1,987,980 円	2,020,320 円		

(質問3）
第1製造部門費　1,987,980円 − 1,960,200円 = 27,780円（配賦不足）
第2製造部門費　2,020,320円 − 2,019,300円 = 1,020円（配賦超過）

（4）
（質問1〜2）

摘要	金額	製造部門 第1部門	製造部門 第2部門	補助部門 X部門	補助部門 Y部門
部門個別費	165,270円	49,630円	71,180円	24,000円	20,460円
部門共通費	179,400	**66,300**	**87,360**	**11,700**	**14,040**
部門費合計	344,670	115,930	154,260	35,700円	34,500円
X部門費		20,400	15,300		
Y部門費		19,550	14,950		
配賦額計		**39,950**	**30,250**		
製造部門費	344,670円	**155,880円**	**188,790円**		

（質問3〜4）

原価計算表　　　　（単位：円）

摘要	#1011	#1012	#1013	合計
月初仕掛品原価	124,500	—	—	124,500
直接材料費	88,000	56,600	35,200	179,800
直接労務費	88,000	102,600	55,700	246,300
直接経費	45,000	63,400	21,500	129,900
製造部門費：				
第1部門	**54,000**	**76,080**	**25,800**	155,880
第2部門	**92,400**	**59,430**	**36,960**	188,790
合計：製造原価	**403,900**	**255,510**	**119,460**	**778,870**

（質問5）440,860円

（質問6）255,510円

第10章 総合原価計算（1）

(1)
(平均法)

	数 量	原料費	換算量	加工費	合 計
月初仕掛品	150 個	18,270 円	120 個	8,810 円	27,080 円
当月投入	2,250	281,250	2,180	180,940	462,190
計	2,400 個	299,520 円 @124.8	2,300 個	189,750 円 @82.5	489,270
月末仕掛品	200	24,960	240	8,250	33,210
差引：完成品	2,200 個	274,560 円	2,200 個	181,500 円	456,060 円

完成品単位原価　　　　　　　　　　　　　　　　　　　　　@207.3 円

(先入先出法)

	数 量	原料費	換算量	加工費	合 計
当月投入	2,250 個	281,250 円 @125	2,180 個	180,940 円 @83	462,190 円
月末仕掛品	200	25,000	240	8,300	33,300
計	2,050 個	256,250 円	2,300 個	172,640 円	428,890 円
月初仕掛品	150	18,270	120	8,810	27,080
差引：完成品	2,200 個	274,520 円	2,200 個	181,450 円	455,970 円

完成品単位原価　　　　　　　　　　　　　　　　　　　　　@207.26 円

(2)

	数 量	原料費 & 加工費
月初仕掛品	400 個	169,200 円
当月投入	3,100	1,354,700
計	3,500	1,523,900 円 @435.4
月末仕掛品	300	130,620
差引：完成品	3,200 個	1,393,280 円

第11章 総合原価計算（2）

（1）
組間接費の配賦額　A組　212,175円　　B組　153,225円
A組の完成品原価　636,640円　月末仕掛品原価　111,650円

A組原価計算表

	数　量	原料費	換算量	加工費	合　計
月初仕掛品	280 個	30,840 円	140 個	33,775 円	64,615 円
当月投入	1,800	225,000	1,870	458,675	683,675
計	2,080 個	255,840 円	2,010 個	492,450 円	748,290 円
月末仕掛品	350	43,050	280	68,600	111,650
差引：完成品	1,730 個	212,790 円	1,730 個	423,850 円	636,640 円

完成品単位原価　　　　　　　　　　　　　　　　　　　　　　@368円

B組の完成品原価　505,370円　月末仕掛品原価　28,640円

B組原価計算表

	数　量	原料費	換算量	加工費	合　計
月初仕掛品	100 個	16,250 円	80 個	24,035 円	40,285 円
当月投入	950	188,500	930	305,225	493,725
計	1,050 個	204,750 円	1,010 個	329,260 円	534,010 円
月末仕掛品	80	15,600	40	13,040	28,640
差引：完成品	970 個	189,150 円	970 個	316,220 円	505,370 円

完成品単位原価　　　　　　　　　　　　　　　　　　　　　　@521円

（2）

	数　量	原料費	換算量	加工費	合　計
月初仕掛品	150 単位	18,300 円	90 単位	9,320 円	27,620 円
当月投入	1,200	157,200	1,220	108,580	265,780
計	1,350 単位	175,500 円	1,310 単位	117,900 円	293,400 円
月末仕掛品	200	26,200	160	14,240	40,440
差引：完成品	1,150 単位	149,300 円	1,150 単位	103,660 円	252,960 円

等級別総合原価計算表

等級製品	等価係数	生産量	積　数	配分額	単位原価
X	300（1）	650	650	164,424 円	@252.96 円
Y	210（0.7）	500	350	88,536	@177.072 円
			1,000	252,960 円	

(3)

等級別総合原価計算表

等級製品	等価係数	生産量	積　数	配分額	単位原価
X	85（17）	5,800	98,600	394,400 円	@68 円
Y	60（12）	4,500	54,000	216,000	@48 円
Z	40（8）	3,300	26,400	105,600	@32 円
			179,000	716,000 円	

(4)

第1工程

	数　量	原料費	換算量	加工費	合　計
月初仕掛品	250 個	30,025 円	150 個	22,832 円	52,857 円
当月投入	2,200	275,000	2,090	324,368	599,368
計	2,450 個	305,025 円	2,240 個	347,200 円	652,225 円
月末仕掛品	350	43,575	140	21,700	65,275
差引：完成品	2,100 個	261,450 円	2,100 個	325,500 円	586,950 円

完成品単位原価　　　　　　　　　　　　　　　　　　　　　　　@279.5 円

第2工程

	数　量	前工程費	換算量	加工費	合　計
月初仕掛品	180 個	49,170 円	90 個	4,856 円	54,026 円
当月投入	2,100	586,950	2,078	137,148	724,098
計	2,280 個	636,120 円	2,168 個	142,004 円	778,124 円
月末仕掛品	280	78,120	168	11,004	89,124
差引：完成品	2,000 個	558,000 円	2,000 個	131,000 円	689,000 円

完成品単位原価　　　　　　　　　　　　　　　　　　　　　　　@344.5 円

(5)
①正常減損を完成品のみに負担する場合
　完成品原価　602,961円　　月末仕掛品原価　47,415円
　（原価計算表）

	数　量	原料費	換算量	加工費	合　計
月初仕掛品	180kg	16,500円	90kg	17,206円	33,706円
当月投入	2,020	222,200	1,939	394,470	616,670
計	2,200kg	238,700円	2,029kg	411,676円	650,376円
		@108.5		@202.9	
月末仕掛品	250	27,125	100	20,290	47,415
差　引	1,950	211,575	1,929	391,386	602,961
正常減損	30	―	9	―	―
差引：完成品	1,920kg	211,575円	1,920kg	391,386円	602,961円

　完成品単位原価　　　　　　　　　　　　　　　　　　　@314.04円

②正常減損を完成品と月末仕掛品の両者に負担する場合
　完成品原価　602,496円　　月末仕掛品原価　47,880円
　（原価計算表）

	数　量	原料費	換算量	加工費	合　計
月初仕掛品	180kg	16,500円	90kg	17,206円	33,706円
当月投入	2,020	222,200	1,939	394,470	616,670
計	2,200kg	238,700円	2,029kg	411,676円	650,376円
正常減損	30	―	9	―	―
差　引	2,170	238,700	2,020	411,676	650,376
月末仕掛品	250	27,500	100	20,380	47,880
差引：完成品	1,920kg	211,200円	1,920kg	391,296円	602,496円

　完成品単位原価　　　　　　　　　　　　　　　　　　　@313.8円

　　第12章　標準原価計算

（1）（質問1）134,000円　　（質問2）1,444,000円
　　（質問3）108,000円

(質問4)

	標準原価	実際額	差異
直接材料費	375,000 円	403,200 円	28,200 円（不利）
直接労務費	596,000 円	600,600 円	4,600 円（不利）
製造間接費	447,000 円	443,300 円	3,700 円（有利）

(2)

直接材料費差異：
　価格差異　　5,100 円（不利）　数量差異　　2,000 円（不利）
直接労務費差異：
　賃率差異　22,350 円（不利）　作業時間差異　2,500 円（有利）
製造間接費差異：
　予算差異　27,800 円（不利）　能率差異　　1,700 円（有利）
　操業度差異　31,000 円（不利）

(3)

仕掛 - 直接材料費

前期繰越	50,000	製　　品	(380,000)
材　料 (403,200)		（数量差異）	(9,000)
		（価格差異）	19,200
		次期繰越	(45,000)

仕掛 - 直接労務費

前期繰越	48,000	製　　品	(608,000)
賃金・給料	(600,600)	（作業時間差異）	(20,000)
（賃率差異）	(15,400)	次期繰越	(36,000)

仕掛 - 製造間接費

前期繰越	36,000	製　　品	(456,000)
製造間接費	(468,800)	（操業度差異）	(9,600)
（予算差異）	(2,800)	能率差異	15,000
		次期繰越	(27,000)

第13章　直接原価計算

(1)
① 12,100　② 40,250　③ 9,010　④ 50,610　⑤ 11,650

(2)（質問1）

当期完成品単位原価　135 円　営業利益　49,500 円

（質問2）

当期完成品単位原価　73 円　限界利益　400,500 円　営業利益　30,900 円

(3)
①全部原価計算方式の損益計算書

損益計算書

売上高	880,000 円
売上原価	571,000
売上総利益	309,000 円
販売・管理費	88,000
営業利益	**221,000 円**

②直接原価計算方式の損益計算書

損益計算書

売上高　　　　　　　　　880,000 円
変動費：
　売上原価　　　473,000
　販売・管理費　 66,000　　539,000
　　限界利益　　　　　　　341,000
固定費：
　製造原価　　　 90,000
　販売・管理費　 22,000　　112,000
　　営業利益　　　　　　　**229,000 円**

③ a. 8,000　b. 17,000　c. 9,000

(4)

（問1）①限界利益　5,500 万円　　②限界利益率　25％

　　　　③損益分岐点売上高　17,600 万円　　④安全余裕率　20％

（問2）26,400 万円

索　引

A-Z
- ABC ……………………… 75
- CVP 分析 ……………… 174
- TDABC ………………… 78

ア
- アイドル・キャパシティ・コスト …………… 154
- 後入先出法………… 40, 114
- 安全余裕率 …………… 175
- 移動平均法 ……………… 40
- 売上原価勘定 …………… 17

カ
- 買入部品 ………………… 35
- 外注加工賃 ……………… 57
- 階梯式配賦法 …………… 98
- 価格計算 ………………… 26
- 価格差異 ……………… 152
- 加工進捗度 …………… 110
- 加工費 …………………… 25
- ──工程別総合原価計算 …………… 134
- ──配賦 ……………… 70
- 型代 ……………………… 57
- 活動基準原価計算 ……… 75
- 活動ドライバー ……… 75, 76
- 完成品換算量 ………… 111
- 完成品単位原価 ………… 13
- 間接材料費 ……………… 44
- 間接費 ………………… 5, 6
- 間接労務費 ……………… 52
- 簡便法としての相互配賦法 … 97
- 機会原価 ………………… 22
- 機械費 …………………… 68
- ──計算月報 …………… 69
- 機械率 …………………… 68
- 期間原価 ………………… 24
- 基準操業度 ……………… 72
- 基本給 …………………… 48
- 逆計算法 ………………… 39
- キャパシティ …………… 72
- 休業手当 ………………… 53
- 給料 ……………………… 47
- 共通費 …………………… 6
- 組間接費 ……………… 119
- 組直接費 ……………… 119
- 組別総合原価計算 …… 119
- 継続記録法 ……………… 38
- 継続製造指図書 ………… 29
- 形態別分類 ……………… 5
- 経費 …………………… 3, 57
- ──勘定 ………………… 16
- ──仕訳帳 ……………… 62
- 結合原価 ……………… 125
- 原価 ……………………… 22
- 限界利益 ……………… 166
- 原価管理 ………………… 4
- 原価計算 ……………… 2, 3
- ──基準 ………………… 22
- 原価計算期間 …………… 4
- ──に属する要支払高 … 51
- 原価計算対象 …………… 2
- 原価計算単位 …………… 13
- 原価センター …………… 93
- 原価の3要素 …………… 3
- 原価標準 ……………… 145
- 原価部門 ………………… 92
- 原価元帳 ………………… 84
- 減損 …………………… 136
- 工業簿記 ………………… 14
- 工場管理部門 …………… 92
- 工場消耗品 ……………… 35
- 厚生費 ……………… 47, 58
- 工程別総合原価計算 … 128
- コスト・オブジェクト … 2
- コスト・プール ………… 92
- 固定費 …………………… 6
- ──の調整 …………… 172
- 固定予算 ………………… 73
- 個別原価計算 ……… 27, 82
- 個別費 …………………… 6
- 個別法 …………………… 40

サ
- 材料受入価格差異 …… 152
- 材料受入報告書 ………… 35
- 材料勘定 ………………… 15
- 材料購入請求書 ………… 35
- 材料仕入帳 ……………… 36
- 材料消費価格差異 ……… 41
- 材料仕訳帳 ……………… 41
- 材料注文書 ……………… 35
- 材料費 ………………… 3, 34
- 材料副費 ………………… 36
- 材料元帳 ………………… 38
- 先入先出法 ………… 40, 112
- 作業屑 ………………… 88, 137
- 作業時間差異 ………… 153
- 作業票 …………………… 48
- 3分法 ………………… 154
- 仕掛品 …………………… 5
- ──勘定 ………………… 16
- 時間適用活動基準原価計算 … 78
- 支出原価 ………………… 22
- 仕損 …………………… 86, 136
- ──費 …………………… 86

───品	86	
実際原価計算	144	
実際的操業度	72	
支払経費	58	
───計算表	58	
従業員賞与手当	47	
修正パーシャル・プラン	157	
出庫表	37	
主要材料費	35	
消耗工具器具備品	35	
諸手当	48	
シングル・プラン	157	
数量差異	152	
生産中心点	68	
───別機械時間法	68	
正常操業度	72	
製造間接費	65	
───勘定	16	
───配賦差異	72	
───配賦率	65	
───予定配賦表	72	
───予定配賦率	71	
製造原価報告書	12	
製造部門	92	
───費配賦差異	103	
製品勘定	17	
製品関連分類	5	
製品原価	24	
製品別計算	32	
全部原価計算	165	
総括原価	26	
操業度	72	
───差異	74, 154	
総原価	25	
総合原価計算	29, 108	
相互配賦法	97	
総平均法	40	
素価	67	
測定経費	60	
───計算表	60	
素材費	34	
損益分岐点	175	
───図表	174	
───分析	174	

タ

退職給付引当金繰入額	47
棚卸計算法	39
棚卸減耗費	61
短期利益計画	174
単純総合原価計算	109
段取時間	50
直接原価計算	164
直接配賦法	97
直接費	5, 6
賃金	47
───給料勘定	15
───仕訳帳	51
賃率差異	54, 153
月割経費	59
───計算表	59
手待時間	50
等価係数	123
当期製品製造原価	13
等級製品	122
等級別総合原価計算	122
度外視法	137
特定製造指図書	27, 83

ナ

能率差異	154

ハ

配賦	6
───基準	66
パーシャル・プラン	157
発生経費	61
───計算表	61
半製品	128
非原価（項目）	22
標準原価	145
───計算	144
───差異	146
費用別計算	31
非累加法	132
賦課	6
複合費	58
副産物	139
複数基準配賦法	102
福利施設負担額	58
負担能力主義	126
部門共通費	94
部門個別費	94
部門費振替表	99
部門別計算	32, 92
部門別個別原価計算	93
振替差異	134
分離点	125
平均賃率	51
平均法	112
変動費	6
変動予算	73
法定福利費	47
補助経営部門	92
補助材料費	35
補助部門	92
───費配賦差異	99

マ

前工程費	129
マシーン・レート	68
マン・レート	68
未払賃金勘定	52
無評価法	116

ヤ

予算差異	73, 154
予算操業度	72
予定価格	41
───法	41
予定賃率	53

ラ

累加法	128
連産品	125
労務主費	47
労務費	3, 47
労務副費	47

ワ

割増給	48

《著者紹介》

志村　正（しむら・ただし）
宮城県に生まれる。
1981 年　慶應義塾大学大学院商学研究科博士課程単位取得退学。
1981 年　創価大学経営学部専任講師　83 年　同助教授。
1988 年　文教大学情報学部助教授　96 年　同教授。
2005 年　文教大学大学院情報学研究科教授。
2014 年　文教大学経営学部教授。

【主要著書】
『企業価値創造の管理会計』（共著）同文舘，2007 年。
『基礎から学ぶ管理会計』東京経済情報出版，2007 年。
『簿記基本書〔改訂版〕』創成社，2008 年。
『企業会計テキスト』創成社，2010 年。
『EXCEL で学ぶ会計情報の作成と分析〔第四版〕』創成社，2013 年。

（検印省略）

2015 年 4 月 20 日　初版発行　　　　　　　略称―原価計算

原 価 計 算

著　者　志　村　　正
発行者　塚　田　尚　寛

| 発行所 | 東京都文京区
春日 2 - 13 - 1 | 株式会社 創 成 社 |

電　話　03（3868）3867　　FAX 03（5802）6802
出版部　03（3868）3857　　FAX 03（5802）6801
http://www.books-sosei.com　　振　替　00150-9-191761

定価はカバーに表示してあります。

©2015 Tadashi Shimura　　組版：ワードトップ　印刷：S・D プリント
ISBN978-4-7944-1489-2　C3034　製本：宮製本所
Printed in Japan　　　　　　落丁・乱丁本はお取り替えいたします。

―― 簿記・会計選書 ――

原 価 計 算	志村　　　正　著	2,000円
企 業 会 計 テ キ ス ト	志村　　　正　著	1,700円
簿 記 基 本 書	志村　　　正　著	2,000円
簿 記 ト レ ー ニ ン グ	志村　　　正 石田　晴美　著 新井　立夫	1,800円
会計不正と監査人の監査責任 ― ケース・スタディ検証 ―	守屋　俊晴　著	3,800円
キャッシュフローで考えよう！ 意 思 決 定 の 管 理 会 計	香取　　　徹　著	2,200円
会 計 原 理 ― 会計情報の作成と読み方 ―	斎藤　孝一　著	2,000円
IFRS 教 育 の 実 践 研 究	柴　　　健次　編著	2,900円
IFRS 教 育 の 基 礎 研 究	柴　　　健次　編著	3,500円
現 代 会 計 の 論 理 と 展 望 ― 会計論理の探究方法 ―	上野　清貴　著	3,200円
簿 記 の ス ス メ ― 人生を豊かにする知識 ―	上野　清貴　監修	1,600円
複 式 簿 記 の 理 論 と 計 算	村田　直樹 竹中　徹彦　編著 森口　毅彦	3,600円
複式簿記の理論と計算　問題集	村田　直樹 竹中　徹彦　編著 森口　毅彦	2,200円
非 営 利 組 織 会 計 テ キ ス ト	宮本　幸平　著	2,000円
社 会 的 責 任 の 経 営・会 計 論 ―CSRの矛盾構造とソシオマネジメントの可能性―	足立　　　浩　著	3,000円
社 会 化 の 会 計 ― す べ て の 働 く 人 の た め に ―	熊谷　重勝 内野　一樹　編著	1,900円
活動を基準とした管理会計技法の展開と経営戦略論	広原　雄二　著	2,500円
ライフサイクル・コスティング ― イギリスにおける展開 ―	中島　洋行　著	2,400円

（本体価格）

―― 創 成 社 ――